How to Survive Your Viva Defending a Thesis in an Oral Examination

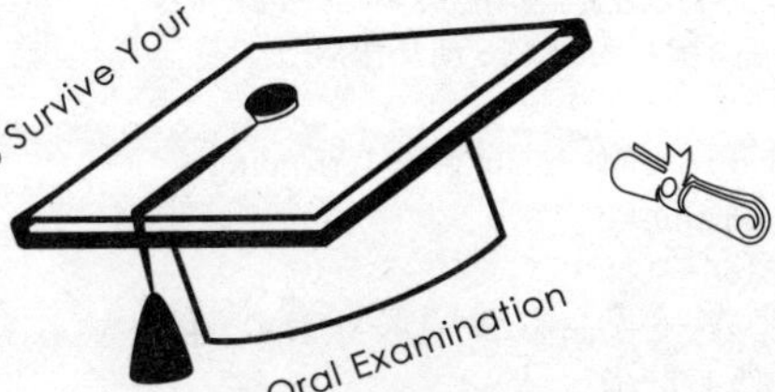

怎样顺利通过答辩

论文答辩的策略与技巧

[英] 罗伊娜·默里 Rowena Murray 著

高娟 译

新 华 出 版 社

图书在版编目（CIP）数据

怎样顺利通过答辩：论文答辩的策略与技巧 /（英）罗伊娜·默里著；高娟译. — 北京：新华出版社，2021.8

书名原文: How to Survive Your Viva: Defending a thesis in an oral examination

ISBN 978-7-5166-6006-5

Ⅰ. ①怎… Ⅱ. ①罗… ②高… Ⅲ. ①毕业论文－写作－指南 Ⅳ. ①G642.477-62

中国版本图书馆CIP数据核字（2021）第171856号

Rowena Murray
How To Survive Your Viva: Defending A Thesis In An Oral Examination 3e
978-0-335-26388-2

北京市版权局著作权合同登记号：01-2021-4156

怎样顺利通过答辩：论文答辩的策略与技巧

作　　者：［英］罗伊娜·默里　　**译　　者**：高　娟

特约策划：巴别塔文化　　**责任编辑**：樊文睿
特约编辑：蔡博闻　何梦姣　　**责任校对**：刘保利
封面设计：今亮后声 HOPESOUND pankouyugu@163.com · 欧阳倩文

出版发行：新华出版社
地　　址：北京市石景山区京原路8号　　**邮　　编**：100040
网　　址：http：//www.xinhuapub.com
经　　销：新华书店、新华出版社天猫旗舰店、京东旗舰店及各大网店
购书热线：010－63077122　　**中国新闻书店购书热线**：010－63072012

照　　排：胡凤翼
印　　刷：天津光之彩印刷有限公司

成品尺寸：145mm × 210mm　32开
印　　张：10.75　　**字　　数**：212千字
版　　次：2021年11月第一版　　**印　　次**：2021年11月第一次印刷
书　　号：ISBN　978-7-5166-6006-5
定　　价：66.00元

本书献给

洛赫温诺赫（Lochwinnoch）

和

布里格·奥特克（Brig o'Turk）的朋友们

目录

前　言

这本书是我前一本书《如何写论文》(*How to Write a Thesis*)(2011)的后续。那本书以“怎样就写作进行讨论”(How to talk about writing)一章结尾，解释了从围绕研究进行写作到围绕研究进行讨论的过渡。本书则涵盖了答辩(viva)的各个方面，更加详细地讨论了一些重要话题，例如常见问题及其回答策略。

本书内容适用于需要答辩的所有学科和所有层次的学位申请者。本书为准备参加答辩的学生、导师和考官提供解读、指导和提示。其目的是：

- 解读整个答辩流程。
- 回答学生的常见问题。
- 剖析并解释“灰色地带”。
- 解密此类考试使用的流程。
- 解读并举例说明一场顺利的答辩要求学生和考官掌握的各种技能。
- 帮助学生和考官备考。

- 帮助导师指导学生备考。
- 帮助考官理解自身作用并提高自身技能。
- 解释问答流程。
- 指导所有参与者为答辩寻找具体信息、制订行动计划并实施。

本书的主要观点是，答辩与任何其他活动都不相似，它是一种新型的交流活动。答辩不完全等同于面试，并以相当独特的方式区别于其他考试；它也不像你围绕研究和写作进行的其他讨论。之前的讨论也许都是关于如何将你的想法串在一起，从而让你的文章成为一个连贯的整体；答辩则是将你的论文分开，以单独的章节为单位来讨论，就好像论文被分割成几块一样。因此，你花费那么长时间构建的连贯性将会受到挑战。一篇论文就是一套严密、封闭的论证，但是在答辩中，这套论证被剖开甚至重组，然后接受真正意义上的盘查。

答辩的目的是发现：（1）你究竟在做什么研究；（2）这篇论文究竟有什么意义；（3）作为因这种场合而被认识的学生或者“考生”，你究竟知道什么。因此，这种讨论大概常常包括从已提交论文里“溜出的”被遗漏、遗忘的内容，缺陷以及矛盾。由于这些话题不像那些进入论文讨论部分的话题，也许本不是讨论的焦点，因此，对学生来说，这可能就是一组全新的话题，从而对他们形成一种挑战。不过，如果你为此做好了准备，显然也会更加容易掌控这种挑战。

英国高等教育拨款委员会（Higher Education Funding Council for England）等一些有影响力的机构制定了答辩的实施办法和门槛要求。但是在所有的答辩中，以下两点仍然无法预测：（1）哪些问题会被提出；（2）研究本身的连续性问题和突发性问题。然而，这种不确定性并不一定会影响答辩的形式和进程。对当地的答辩实施情况进行调研并且相应地调整筹备方向，是答辩参与各方的责任。因此，本书从一开始就表明，在那些对答辩实施有明显文化差异的国家（如英国）里，学生、导师和考官有义务核查当地的答辩流程，并且思考如何（甚至要不要）采纳本书提供的建议，这一点至关重要。

全书对这种核查过程都在方框里给出了提示。这些方框会显示具体事项，供读者在自己的机构里跟进。

最后，有一点关于风格的说明。在这本书里，我对学生使用了直接的称呼形式，把“学生”称为“你”，是因为我把他们看作主要的读者；不过，我仍会时不时地切入考官和导师的视角。读过这本书稿的导师和考官都觉得这没有问题，而且学生很喜欢，因此我就保留了这种风格。

新版中的重要变化

除包括对学位论文答辩的最新研究在内的升级之外，本次修订的新版本应评论者和学生们的要求，变动和增补了一些其他内容：

- 关于如何在答辩中表现良好的清单。
- 每一章末尾核查清单里的行动要点。
- 关于答辩问题的最新研究。
- 专业的答辩问题及其准备策略。
- 答辩问题类型详解。
- 优劣回答示例。
- 如何将理论基础、框架、方法和结果凝练在一则短小的口头陈述里。
- 关于非言语行为（身体语言、眼神接触和手势）的指南。

第一章

答辩是什么

WHAT IS A VIVA

答辩是对一项完整研究展开的一种回溯性讨论，是学业历程中的关键一环，也是对学生的研究、论文和学生本人的最后评估。学生的主要角色是为其实际上已经做过的研究进行辩护。

本书前四章提供了可能相当基础的信息。所有涵盖的要点都有可能是你在答辩前很久就要跟导师进行更深一步、更具体讨论的主题。但对于刚开始课程学习的学生来说，这些章节可以帮助你修改你的研究和论文，从早期就开始考虑考试标准，明确研究和写作的重点。

就像在美式英语里所写的那样，答辩还被称为“口头辩护”（oral defence）或者“辩护”（defense）。本章涵盖了众多关于答辩的定义。列出这些定义，不仅是为了让学生知晓答辩可能涉及的内容，也是为了打开他们的思路。在解释了常见的实施模式之后，鼓励学生将他们机构的实施情况跟一种模式匹配，以便理解相关内容并思考准备工作。

鉴于学科之间和学科内部的明显差异，重要的是帮助学生认识到，他们需要对其所在的机构和/或部门关于答辩的做法进行一些“研究”。

你需要掌握的答辩信息

本章要完成对不同定义的论证这项基本首要任务，提示学生开始思考他们的准备工作，但重点是每一个学生必须核查清楚并认真思考——哪一种定义及体系适用于自己的机构和自己的答辩。

答辩是什么：一场口试

答辩不仅可以被看作是学业经历中的一个关键时刻，还可以从很多方面被看作是学术研究的一个关键元素。它是对研究、论文和学生的最后评估。在某些情况下，答辩可能还有其他功能，比如决定你的学位等级或者作为分界标记。评审会议（常常被称为“微型答辩”）的主要目的，通常是评估你作为研究人员的进步程度以及你的研究项目进展程度，然后制订接下来的计划；有时候也要检查你对目前研究工作的理解，以及合理规划后续阶段的能力。

答辩跟其他考试大不相同。口头作答和把答案用文字写下来很不一样。笔试中，你所写的内容是考官看到的唯一答案；但是在答辩中，还会有接下来的问题以及围绕你的答案所展开的讨论，考官可能会对你的答案再次提问。在笔试中，你的答案会被评上分数；但在答辩中，你的答案会受到质疑，并且即使你能看到考官，你也不会知道他们对你答案的评价。当然，考官可能会明确地告诉你，他们同意你的答案或者觉得你的答案可以接受，但是他们不会在你每次回答之后告诉你这个回答是“正确”还是“错误”。因此，你只能不停地回答问题，而不知道后面还会有多少问题，或者这场考试还会持续多长时间。已经走到了这一阶段，你大概非常善于通过笔试。如果你回想一下这些年积累起来的考试技巧，以及这些技巧是如何积累起来的，你就会明白需要做哪些工作来准备这场形式大不相同的考试。既然这是一种新形式的高水准交流活动，那你就需要学习一些高级的言辞技巧和表现技巧。

本章将会解释这种考试通常是如何组织的，谁可能在场，可能会持续多久，但不会明确告知你的答辩究竟将如何进行，或者你需要做什么来准备答辩。这些只有你自己能明确。

答辩是一场考试，不过也可以让人感到愉悦：

> 我特别喜欢答辩，因为这是一次机会，我可以跟一个真正了解我所做之事的人来讨论我的研究，这真的很重要。我觉得这就是答辩让我如此愉悦的原因……答辩不仅仅是我要为自己找出正当的理由，更多的是一种思想的交流。
>
> （学生原话，引自默里，1998：14）

但也可能是一种虎头蛇尾的感觉：

> 我的考官是两个很睿智的历史学家，他们并没有问那些别人答辩时我所听到的、吹毛求疵的问题。我的感觉就像被告知 X 光片里看上去令人不悦的东西只是溅到底片上的咖啡之后走出医生办公室那样。
>
> （塞尔，2001）

甚至当你通过后，你可能还觉得扫兴：

> 我参加了论文答辩，出来就是博士了，但这是我所经历过的跟论文有关的最让人焦虑的对话之一。我的考官一开始就告诉我，我已经拿到博士学位了，然后就用剩余的答辩时间告诉我，我的论文是多么让人失望。论文分为两部分，他们忽略了第一部分……还说另一部分没有足够的理论……我觉得他们遗漏了重点内容，或者选择对重点内容视而不见。
>
> （肖，1997：21）

是什么让考官遗漏了这位学生的重点内容，或者选择对重点内容视而不见？这是在说有关考官的事情，还是在说有关学生的事情？是因为考官（可能学生也是这样）在迎合他 / 她自己的兴趣吗？考官对于你应该如何回答他们的问题有先入为主的观念吗？更重要的是，你能在多大程度上预测考官的期望？换句话说，能不能为这类情况做准备呢？或者，这位学生的评论只不过是他们感到疲惫厌倦的结果？如果你比其他任何人都更了解自己的研究，更可能的情况是，你自己会察觉到你在论文里没有充分覆盖众多要点中的每一个要点。

关于答辩，博尔克（Bolker）（1998：128）写过类似的观点：过一段时间，你就逐渐意识到，整个过程开始时你脑海中想要写的论文，跟你实际上写出来的论文之间存在差距。你很清楚自己研究和论文中的瑕疵，你能看到其中的缺陷。对于你的研究，你可能还不确定其中的价值以及其中的标准。

将这些不确定因素形成一套规范是为答辩做准备的一个重要部分。要接受这样的观点：你所做的任何一项研究，在某种程度上都会产生新的问题，因而看上去是“不完整的”。但是，学位论文答辩不是一种尽力修复所有已知缺陷的场合，“那些考虑周到又会反思的考生会给考官留下深刻的印象，他们会考虑建设性的批判意见，并能据此对其论证做出修改”（伯纳姆，1994：30）。答辩时，你可以表明你已经更进一步，承认如果放到现在，你就会做一些或者写一些与众不同的东西。但是要记住，你的主要角色是为你实际上已经做过的研究进行辩护。因此，这种答辩就是对一项完整的研究展开的一种回溯性讨论。这项研究已经结束，并且已经或多或少地完成了研究目标，答辩就是谈论那些内容。而且，既然学位论文的作者还在继续思考，其他研究者的研究还在继续进行，那么答辩就会吸收当前以及未来可能的研究成果。

答辩的定义

这种考试的形式有那么多变体，而且有那么多未知情况，挑选出一些定义会有所帮助：

> “viva”这个词是“viva voce”的缩略形式，意思就是“口试”……答辩就是（对学位论文的）辩护。
>
> （巴尔达基诺，1995：74）

> 学位评价的主要目的是决定考生是否有能力在该学科中充当一个独立研究者。
>
> （英国大学与学院教师发展部，1993：3）

此外，还源源不断地出现了更复杂、更多样的定义，这些定义似乎为学位考试开启了更为广阔的实践空间：

> 学位考试是……一个建立良好工作关系的机会。你可以利用这种关系获得引介，特别是在与学术出版商接洽时

可以得到推荐。

（伯纳姆，1994：30）

如果学位论文本身写得很好，并且校外评委又是合适的人选，那么，比起这个术语本身通常传递的信息，“考试”就会变成含有更多平等与更少对抗的事情。

（德拉蒙特等，1997：148）

下面这个定义则能帮助一些人尽量理解关于这种考试目的的争论：

答辩考试的目的和中心、答辩的时长及其风格或基调在不同情况下都会有所不同。对一些机构、考官和导师来说，答辩对既定论文考试起到一种辅助作用，只是一场确认作者身份真实性的讨论会，或者充当进入学术协会的仪式。对于其他机构、考官和导师来说，答辩的目的更是一种考试，用来核查考生口头解释其研究的能力，以及通过提出关于理论和研究实践的深入问题，让考生证明其自身知识的广度与深度。但是，对另外一些机构、考官和导师来说，答辩就是一种对抗经历，考生被要求展示其在经受其他专家批判的同时，进行严谨的学术辩论的能力。

（德尼科洛，2003：86—87）

你需要掌握的答辩信息

这些引言里提供的定义更加复杂，也可能因此而更加有趣。一些学生更喜欢本节开头简单一些的定义。其他学生则发现，这种复杂性在理论上很迷人，但是在实践上很可怕。无论你喜欢哪一种定义，重要的是你要调研那些将要参与你答辩的人员或者你所在机构是如何对这些术语进行定义的。

学业历程中答辩的作用

如果答辩是学业历程中的决定性时刻，那么考官参与答辩的方式可能就依赖于他 / 她对学位论文的最初评价。

> 许多学者表示，答辩根据考生及其研究的质量，服务于不同的目的……对比较成功的考生来说……答辩应该向他们提供经验和信息……对比较薄弱的考生来说，答辩通常被描述为考官提供建设性反馈意见和指导的讨论会……对不太明确的考生来说……答辩可以让考生为其研究进行“辩护”。
>
> （杰克逊和廷克，2001：360）

因此，有证据表明，答辩本身是评价的一部分；尽管也有证据表明，学生在答辩时的表现并不会改变答辩老师对论文或研究质量的评判。这就意味着，虽然有些人把答辩视为形成性或发展性的时刻，但是这种答辩仍然会促成最终评价，因此依然要求学生有优异的表现。毕竟，答辩是一项必须完成的任务。

这里能做出的关键性的、并且可能一开始就具有警示性的推论是，答辩可能会（也可能不会）决定对论文考查的结果。学生在写作时就从非正式渠道获知，很多学位考试都取决于考官阅读的程度，即在考生进入房间之前他 / 她对论文的评价。但是，大家也熟知的是，有的答辩就是"最后的关头"。这里更深一步的暗示是，如果是良好或者突出的论文，答辩就无关紧要，虽然并不总是如此。一些考官对待答辩比其他考官更加认真严肃。我们可以肯定的是，所有的考生都必须让考官相信论文是他们自己的作品（也就是说，它不是抄袭、剽窃或由其他人代笔的）。

这些差异在机构层面也得到了反映：

> 对文本的评价与答辩之间的平衡，说得重一点是完全不明，说得轻一点是含混不清。至于答辩是属于一个阶段还是两个阶段的评价过程，以及论文相对于答辩的重要性，都没有清楚地界定出来。例如，在有些机构里，令人满意的论文但令人不满意的答辩也有可能让考生拿不到学位。在很多机构里，学生如果在答辩中表现良好，就可以

为不怎么令人满意的论文进行辩护。

（莫利等，2002：266）

这则引言描述了两种不同类型的机构。你在哪一类机构里？在这个问题上，你所在的机构有什么立场？为了确定答辩的作用，你需要去核查当地的实际操作。无论你的论文是（或者被认为是）坚不可摧的还是比较薄弱的，你都应该准备好为它“辩护”。换句话说，你有责任表现出你的研究具有足以获得这项荣誉的优秀品质，从而让这场答辩成为你学业历程中的决定性时刻。你不能单单让你的论文“为自己发声”，你还要找到一种方式来谈论它的优点，同时也清楚地展示你的优点。

也有证据表明，答辩“在不同的学科里服务于不同的目的”，尽管有研究者指出，这个结论仍需要进一步研究（杰克逊和廷克，2001：361）。

但是，这种考试通常都不是研究和写作的推进器，而是能够像其他评价那样，推进其他形式的课程或者学习。实际上，在没有明确的考试标准的情况下，研究项目就可能已经完成了，论文也可能已经写好了。

没有理由感到恐慌，也没有理由重写论文，尽管你可能一时或者经常想这么做，尤其是在只剩最后几个月的时候。相反，答辩在你学业历程中的作用是让你聚焦核心问题，比如：你是自己完成这项研究的吗？你能谈论这项研究并让人信服吗？你能看到这项研究的优势和不足吗？还有，你已经成为你所在领域的专家了吗？这种审视确实需要你回过头来看看你以前所做的研究，而且几乎不可避免的是，你会觉得你之前的研究在某个/某些方面比你最近的研究要薄弱一些。关键是要找到综合谈论你之前（大概比较薄弱）和最近（可能比较有力）研究及写作的方法。

尽管存在所有这些差异，关于学位考试的目的，还是可以得出一套核心原则，然后用于具体的实际讨论中。

答辩的目的是为了查明：

- 你是自己完成这项研究的吗?
- 你阅读相关书目了吗?
- 你对这个领域的知识掌握得很好吗?
- 你是自己撰写这篇论文的吗?
- 你能独立开展研究吗?
- 你能教授这个学科吗?
- 你能以专业的方式来谈论这个学科吗?
- 你接受过什么训练吗?
- 你对知识做出贡献了吗?
- 你从中学到什么了吗?

当然，学位考试的实施都会受到个人和机构对该学位所下定义的影响。在一些地区（不是所有的地区），学位考试已经演进为一种高度个体化的“旅程”：

> 显然，对学生开启的自身追求和知识探索，没有一个单独的定义。我们确实不应该期望有一个单独的定义……科学知识和学术知识不依赖于一套完全机械式的定义和要求。
>
> （德拉蒙特等，2000：51）

然而，考虑到目前学位类型多样化的趋势，包括很多不同类型的学位项目（霍德尔等，2002）以及采用多种形式和不同类型的论文和研究成果，考试实施上还有变化的空间。事实上，有一些变化合情合理。

在一个理想的世界里，所有这些定义、描述和争议都是学生跟导师之间拓展和丰富二者对话的主题。比如，“这个‘通过仪式’是什么”“所谓的守门人是谁”或者“这会导向什么类型的职业”等等。不过，有证据表明，在实际情况中，这样的对话有时会在毫无准备的情况下突然冒出，某些时候又被搁置。有些人可能会认为这些问题跟答辩毫不相关；但是，对学生来说，在他们关注答辩时那些可以预料被提到的（可能同样也是“大”的）问题的背后，可能总是有“更大的问题”。

对那些拥有优秀导师的学生来说，本章涵盖的知识点可能一目了然。对那些拥有糟糕、繁忙或者懒惰导师的学生来说，下面的章节将会帮助他们决定自己的答辩需要准备什么。

神秘性

是否能通过答辩，主要取决于准备工作以及学生解密考试程序的能力。

（伯纳姆，1994：34）

尽管学位考试很重要，但让人惊讶的是，目前还没有进行过大量相关研究。这对考官的训练有很大的启发意义。他们如何学会扮演自己的角色（皮尔斯，2005）？而且，关于答辩中可能发生的事情，直到最近才有针对导师和学生的非常笼统的指南。这种信息的缺乏，再加上实际情况的变化多端以及答辩本身的高风险性，造成了答辩的一种神秘感。

有些人觉得本来就应该是这样。因为做研究是一种亲身体验和个人经历，所以答辩应该是私密的，因而应该让那些不在场的人“无从知晓”。对于那些以更加“公开”的方式进行研究的学科来说，这一点就显得不太真实。毕竟，对于任何学位考试来说，最重要的不是个人当天表现如何，而是你是否通过。

然而，其他人认为这种神秘性已经过时而且很不公平。大多数英国机构里的人员会告诉你，他们的目标是要让这些考试变得更加透明。现在，越来越多的大学提供针对研究的培训，通常包括有关学位考试的讨论。所有的大学都会界定所开课程的学习效果，而且，高等教育里的任何评价都有自己的标准。按照目前的意见，对于学位考试的神秘性，从教育的角度来看不再是合情合理的，从道德的角度来看大概也是如此。

当你收集关于答辩的信息时，两种观点你可能都会碰到。你可能会遇到不想“告诉你太多”的人，这大概是因为，在一些导师看来，他们只有通过讨论考试才能恐吓学生。但是，用了这种方式，这些导师只是在增加这种神秘性。显然，对于学生来说，明智的做法是请求对答辩进行解释和讨论；或者，如果需要的话，不断催促或者交涉，以便对答辩进行解释和讨论。要预料到会有一些神秘说法，比如“灰色地带”“无法界定”以及“视情况而定”。你还要做好准备，坚持不懈地追问诸如此类的问题：“对，但是可能会持续多长时间”“我们这个地方的考官通常都会问些什么问题”“回答关于论文不足之处的问题时，最好的应对方式是什么”。如果需要，向你的导师再次保证：你不会被这样的讨论吓到，并且要让他们看到，对这些问题，你是不会被安慰性的模糊回答敷衍过去的。这并不是说你需要质问你的导师，毕竟那不是他/她的答辩，而是说你需要从某个地方得到答案，而你要明白你的导师是一种重要的资源。

变化与可变性

从研究中可以清楚地确认（而且学者们普遍同意）的是，机构与机构之间，以及机构内部之间在答辩实施上都会有变化：

> 随着对实施进行概述的指南……受到越来越细致的审视，最初好像是共识的东西也变得越来越不清晰了。确实，如果不考虑表面上的“共识”，我们的研究发现，管控学位考试进程各个方面的政策各式各样。
>
> （廷克和杰克逊，2000：179）

这给我们的启示是，即使你确实研究了你所在机构里的学位考试实施情况，明智的做法还是预料到在那个框架内仍有进一步的可变性（variability）。很可能存在“共识”，但是也会有一些选择自由小路的考官。这条小路没有地图，“机构确实提供了政策指南，但没有……一套统一的程序用于考试过程的组织和实施”（廷克和杰克逊，2000：179）。研究表明，“政策”并不总是意味着“实施”。

让那些准备考试的学生困惑不解的是，有关考试实施的理论“共识”与实际操作中缺少“统一……程序”之间存在着矛盾。正当你认为你已经明白将要发生什么事情的时候，你遇到了实际操作中的另一种变化形式。如果你正在寻求标准的实施办法，这种情况会让你感到很沮丧。从目前这种情况来说，更加合理的做法可能是放弃标准的实施办法这个概念，用一套核心的实施办法取而代之；并且，如果考官做了那“套”实施办法之外的事情，你就准备应对。对于这种情况，你要进行演练。

如果你在不同的国家里学习，你就需要核查国家之间的差异。哈特利（Hartley）（2000）的短文《参加答辩的十九种方式》（Nineteen ways to have a viva）概述了不同国家答辩的主要类型，包括澳大利亚采用的类型，那里一般不要求答辩（但可能会改变）。

“惯例”的概念

正如前面章节里提到的那样，尽管对答辩来说没有“惯例”（standard practice）这样的概念，然而实际上已经有一些人尝试制定实施学位考试的指南了。虽然这些指南使用起来不那么系统化，但可能还是很值得你在考试之前跟导师好好讨论的。

英国心理学会（British Psychological Society）（2000）的指南就是一个很好的榜样，尤其是5.4那一节，即“答辩的实施”（Conduct of the oral examination）。其中的第一点提醒考官，不但要在答辩开始时允许学生紧张，而且要围绕这种紧张做一些事情，也就是减轻这种紧张。“有关‘惯例’的元素应该得到承认，但考生这种可以理解的紧张应该被降低到合理程度。”同样，这份指南对如何处理答辩的结尾也有一些建议：“在考官离场之前，应该有一个关于考试过程的汇报性讨论。主席应该带头示范，并鼓励不同的角色参与评价。”

也有一些针对时间的具体指南：“答辩持续时间一般应不少于一小时，不多于两小时。”虽然“一般”这个词是常用的学术准则，给弹性做法留下了空间，但这确实规定了可能的上限和下限。

比起通常提供的答案，很多学生期望得到关于学位考试更加确定的答案，这完全可以理解。然而，惯例的概念还没有普遍建立起来。在教育研究与培训的大环境下，实施惯例甚至可能行不通。即使这看上去很荒谬，也没有任何理由让它成为你为考试进行准备的阻碍。

实施准则或质量准则

首先也是最重要的是，就任何学位而言，会有一套包含考试信息的内部实施准则。你所就读的大学会以某种形式公布这套准则。你现在就应该找到它或者再读一遍（核查你是否拥有最新版本），这是你可以找到的机构对答辩将如何进行做出界定的材料。

其次，有一些外部的实施准则，它们由质量保证机构或者专业团体制定并发行。例如，英国质量保证署（Quality Assurance Agency, QAA）发布了一份《英国高等教育质量准则》（UK Quality Code for Higher Education）（2011），其中跟本文最相关的一节是第二部分第 11 节，即“学术学位”（Research Degree）。准则中的“期望”构成了一种半具体的指南，包含机构应该向考生通报评价程序的期望，尽管文本中对那些程序的基本特征和通知的时间都没有具体说明。在该准则里，下列“指标”很重要，而且每一项指标都有说明性文本：

对研究资质的评价过程，反映了学术学位的独特性质，并且包括一项答辩。下面三项指标及其解释指出了针对研究型学生和研究资质的最重要的评价要素……

指标 16

属于学术学位授予主体的高等教育供方要使用评价学术学位的标准，这些标准可以让他们界定自己的学术标准，以及他们的毕业生应该达到的成就。用于评价学术学位的标准应清晰明确，供研究型学生、教职工和考官随时使用……

指标 17

学术学位的最终评价程序要清晰明确，并得到严格、公平、一致的贯彻落实。这些程序包括校外评委的补充，以及按照合理的时间安排去执行。要将评价程序清晰明确地传达给研究型学生、导师和考官……

指标 18

高等教育供方要设置独立、正式的程序来处理投诉和申诉，这些程序对各方都公平、清晰、稳定，并且在运用时保持一致。对可以接受的投诉和申诉理由要进行清晰明确地界定。

（英国质量保证署，2011：25—29）

这种半具体的方式很可能就是为了允许弹性情况的存在。不过，对于学生、导师和评委有权期望得到的信息，这个准则即便不能使他们知道具体的信息内容，也能让他们获知这些信息的类型［这些对于信息的“期望”，之前被认为是“感觉”，在（埃利和默里，2009）中有详细的论述］。实际上，无论出于什么原因，即使导师没有做到保证让学生知道他们本来应该知道的信息，如果学生确有需要，他们也能轻而易举地获取。因此，这个准则就是答辩所涉及内容的另一则指南。

在这个质量保证署的准则里，可能最有用的一点就是下面的提醒：这种信息必须传达给学生，但不是在研究的最后时期和受到评价之前，而是在入学典礼期间，在研究刚刚开始的时候。事实上，任何一个考虑攻读硕士学位或博士学位的聪明人，很有可能在更早时候就考虑到了评价要求，问题在于机构是否彻底解决了这个问题。

也有一些由专业团体发布的组织准则或实施准则，比如英国皇家化学学会（Royal Society of Chemistry），还有英国心理学会——该学会制定了《心理学及相关学科博士学位评价指南》（*Guidelines for Assessment of the PhD in Psychology and Related Disciplines*）（2000）。

询问导师是否已经看过或读过这些文件并且把它们转给学生会很有趣；与此同时，这些文件日益增长的重要性最近已经被指出：“随着高等教育和问责文化的碰撞，政府在整个高等教育里追求‘质量保证’，对学位考试的过程进行重新思考在所难免”（韦克福德，2002：35）。然而，目前针对论文进行评价的指南多于针对答辩期间进行评价的指南。

一个关键的问题是这些指南的地位。总体而言，它们不太像是学生与机构之间的合同，而更像是他们之间用于重要讨论的议程表。不过，随着时间的流逝，这些慢慢也会改变。

最后，还有一个不但由这类准则而且受机构指南影响引发的问题，即是否只是把这些书面文本交给学生，让他们去参考学生手册或网上资源就足够了。难道学生和导师之间不应该有一次深度讨论，以确保学生可以了解指南将会如何转化为实施办法和他们自己的考试情境吗？难道准则和指南的内容不应该在答辩培训课程里被讨论吗？

通过视频会议或 Skype 网络电话举行的答辩

> 如果由于环境限制而无法进行面对面的会议，视频会议是一种显而易见又非常不错的替代性选择。
>
> （皮特，1999：28）

“经过最初的惊奇之后”，皮特通过视频会议举行答辩的经历变得很有积极意义，缺乏经验好像并没有对学生、导师或考官造成负面影响。皮特（Pitt）的论文让我们从他们的经历中学到了经验。对通过视频会议或 Skype 网络电话安排的答辩来说，推荐的步骤包括在答辩之前召开一次会议以便跟技术专家讨论程序、商定座位安排，以及为此学习使用这种媒介工具。此时，使用可视化工具能帮助学生用图表清楚地说明自己的观点。

在刚才描述的这种情况下，校外评委因身体欠佳而不能来到答辩现场时，使用这种方式可能就很有益处。例如，为没有时间参加答辩、事务缠身的校外评委节省宝贵的时间，这种模式可能会使导师和学生容易获得他们首选的考官的服务。而且，安排视频会议的花费可能跟旅行的花费（“几百英镑”）（皮特，1999：27）相当，但是 Skype 网络电话的花费可能会少很多（即便把技术支持、软件和设备升级等花费都考虑进去）。

视频会议为保障其效果，常常要求参与交流的有关方面要遵循某些形式上的流程，一些人也会因此认为这种方式适合学位考试这个场合。在某种程度上，这种强制性的轮流发言可以阻止考官打断学生回答问题，这种情况在面对面的答辩中确实会发生，可能让一些学生难以应对。

需要克服的一个障碍是大学的批准流程。这种答辩模式若要得到常规委员会的批准，可能还需要一份协议。面对面答辩的某些特征可能会得以保留，例如需要考官在成绩单上签字，但是如果征得机构的同意，这显然也可以使用电子形式来完成。如果不打算从头开始费劲地去重复摸索这种答辩模式，可以直接参阅皮特论文里的“附录 C”（Appendix C），该附录通过视频链接的形式再现了爱丁堡大学的《答辩指南要点 / 清单》（Guidance notes/checklist for oral examinations）（皮特，1999：44）。爱丁堡大学《答辩指南要点/清单》的关键保障包括：要求考生和考官参加培训；双方的技术专家都在场；规定考生必须对这种答辩形式给出书面同意书。截至目前，尽管很难知道有多少机构、学生和考官使用过这种体系，这种体系确实提供了另一种选择。

你需要掌握的答辩信息

每一位相关人员都必须核查以下两方面的特征：（1）符合当地实际情况的视频会议；（2）当地机构以这种方式进行学位论文答辩的协议。

要认真核查，确保你明白并且同意这些协议和程序的说明。

该书还涵盖了使用视频会议进行教学的其他方方面面。对许多人来说，这是一种比较新颖的程序，一些地方还在研究、制定政策和协议。不过，一些机构已经拥有了一套经验，学生、考官和导师可以参考咨询。学生应该确保能及时收到有关协议的副本。尽管考虑到这种责任无疑应该由机构承担，把这种责任归到学生身上似乎不公平，但本书的目的是要表达学生在收集所需信息时如何发挥主动作用。

考虑到这种形式的新颖性，特别是当你因过程的管理、缺乏为导师或考官举办的培训、缺乏为他们制定的相应协议，或者因答辩形式的问题未得到解答而持有保留意见时，你可能有（或者没有）权力拒绝用这种媒介参加答辩。可能导师和考官自己也会有类似的保留意见。至少你可以核查你所在的机构是否会有这种形式的简报和/或培训，以及这种形式是新近设立的还是已经比较成熟的。

独特性还是特定性

这里的词语“独特性”（individual）表明，每一场答辩都各不相同，因而有的人认为每一场学位考试都互不相同。每一场考试对已有标准和实施办法的运用都有自己的做法。“特定性”（idiosyncratic）表明，学位考试的这种独特性对一个人而言是特定的，无论这个人是导师、学生还是考官。实际上，在英国，目前可以稳妥地认为，考官或者独立主席对答辩进程产生着最重要的影响。

然而，尽管每一场学位考试就所进行的研究或所撰写的论文而言，都确实有其特定的成分，但也不能认为每一场考试都跟其他考试截然不同。虽然任何一场学位考试对某个人来说都似乎是特定的，但也有一些核心的实施办法，有一套核心的标准。任何一个机构都会有书面指南以及每一场考试的情况记录——并不是说这些材料就一定会被广泛分发、阅读或者讨论。可能这就是正中要害的问题：在没有可供比较的信息的情况下，每次举行学位考试时，我们就只能重复制定相关标准和实施办法。

这些简短讨论的重点是要引出“以独特性为目标会导致特定性”这个观点。在你的学科、系部或机构里，所有的学位考试都应该有某种程度的“共性”。

在一个系部和/或学科内部，学位考试的实施一定有某种程度上的一致性。

因此，“每一场学位考试都互不相同”不应该是你界定这种考试形式的最终结果；相反，它只是一个开始。应该有某种程度的同步性（不一定是统一性）贯穿所有的学位考试。换句话说，你的考试跟别人的考试在一些方面会有所不同，但在其他方面会有相似之处，甚至可能会完全相同。

实施模式

在各种各样的学位考试实施过程中，你将可能看到下面的模式：

形　式

- 讨论。答辩是一场扩展延伸式的辩论。

- 报告，讨论。答辩以考生的报告开始，接着是讨论。
- 工作会议。这种答辩包括学生对技能、分析、目标、方法的展示。

角　色

- 导师做笔记。
- 导师沉默不语。
- 导师提供支持。

结　果

- 开始宣布决定。
- 最后宣布决定。
- 考生在外面短暂停留后返回答辩室时宣布决定。

一旦知道可能会出现哪一种模式，你就能以那种方式来演练了。不过，你得准备好应对一个打破模式的考官。例如，他可能会在你做报告过程中间向你提出一个问题。此时你怎么办？你是否会明确提出你的观点，提醒考官们同意你做完报告后再回答问题？或者，你是否会指出你的报告将涵盖他 / 她有疑问的地方，然后询问你能否继续报告？考官在学生报告中间提出一个问题，可能并不是用心险恶，他/她可能只是真的对你这位学生所说的很感兴趣。不过，举这个例子的重点是，建议学生也应该准备好应对与既定考试形式有偏差的情况。

苏格拉底式对话

有时候，学位考试被称作是一种苏格拉底式对话。这种对话所提出的问题不但有助于检验考生的知识，而且有助于加深考生的认知：

> 苏格拉底认为，他有一种责任……通过对人们观念的质疑来教学……他著名的“苏格拉底式反讽”（假装无知）以及他那巧妙地将问题指向期望答案的“苏格拉底式方法”乍一看可能只会产生负面结果，他质疑的那些人被证明其假设建立在错误的基础之上。但是，这是为界定术语而开始进行严肃讨论的必要前提。
>
> （雷迪斯，1971：222—223）

有一些考官想用学位考试来“教”你一些东西，不是传统意义上的“教”（尽管什么是“教”、什么不是“教”未有定论），而是以一种更加微妙的方式。在你所在的领域里，真正的专家可能要试图把你拉出来，看看你是否跟他们一样或者用他们的方式去理解你那项研究对这个领域可能产生的影响。他们会真的很好奇，想看看你在哪里能得出自己的观点，以及在哪里不能得出自己的观点。他们会很有兴趣，想看看你如何在跟他们的对话中表达自己的观点。他们甚至可能把学位考试看作是一种颇具挑战性的场合，对他们来说这是一个提高他们自己辩论技巧的机会。有的考官会主动帮助你发展思维，可能不太关注你如何表达自己。真正高明的考官会找到一种方式，打开你通向其他可能性的思路，让你以一种积极的方式看待你研究中的局限性，重拾你对研究工作的激情。

这并不意味着你应该接受操纵，不再为你自己的假设、观点、目标和贡献进行有力的辩护。相反，你当然应该继续为你已经完成的研究和你已经撰写的文本进行有力的辩护。或许你发现考官的思路很有意思，或许你觉得你已经花了足够多时间来证明你已经完成的研究正确无误，是否跟随考官的思路由你自己斟酌和定夺。在某个时刻你可能会说，你正在做的只是为了把事情弄清楚。

学位评价标准

> 对成功的学位评价来说，没有普适的精确标准或者明确标准。
>
> （韦克福德，2002：35）

> 好像并不是所有的成员都意识到了这些不明确的标准……评判学位成功或失败的标准不能缩减为一套书面规则。
>
> （德拉蒙特等，2000：40）

> 高等教育供方……制定适用于研究型学生的评价标准，以便让他们了解自己被期望做到的事情。这些标准让研究型学生得以在他们所追求的资质层次上充分展示他们的能力和成绩。标准还给研究型学生提供了实用的建议，例如关于对研究进行必要报告的建议、关于界定原创性的建议，以及关于最佳学术实践的建议。
>
> （英国质量保证署，2011：26）

学位评价标准很难确定下来。有的标准自相矛盾，例如：考生被要求做出“原创性”说明，而同时又要表现出“在知识方面的谦逊”（德拉蒙特等，2000：40）。对于这一点，有些人会认为几乎不可能在二者间达到平衡，因为一方面过多就会迅速遮掩另一方面。

考查学位论文的标准即便复杂也是可以制定出来的，但是答辩的标准更加难以确定。哪些标准会被用来评判你的表现？

伯纳姆（Burnham）（1994：32）陈述的“最常见的标准”有：

- 考生清晰地解释了要解决的问题吗？

- 考生“通篇都在不断跟进这个主题”吗?
- 考生“巧妙地陈述了结论与该学科的相关性”吗?

然而，这些似乎也是关于学位论文而不是答辩的标准。同样，英国心理学会（2000：12）关于“用于评价书面提交论文的标准”有一些极为有益的指南。我们是否可以假定这些标准也适用于答辩?或者有其他标准应用于答辩?如果有，这些标准会跟考生的表现有更密切的关系吗?

“达到可以发表的标准”在多套学位论文标准中都重复出现过。你应该明白你的论文哪些部分可以发表，哪些部分不能发表。你最有可能在哪些期刊上发表这项研究?你最有可能在哪些会议上报告这项研究?这项研究有其他受众吗?哪些赞助者有可能支持你对这一领域的进一步研究?这是你对这个领域的知识进行展示的另一种方式，从这些方面来谈论你的研究，是你学位考试的任务之一。

马林斯（Mullins）和基利（Kiley）（2002：378—379）根据对经验丰富的考官进行访谈的结果，界定了糟糕论文和优秀论文的品质。糟糕论文的特征有：

- 缺乏连贯性。
- 缺乏对理论的理解。
- 缺乏自信。
- 研究的问题不合适。

- 理论和方法相混淆。
- 研究不具有原创性。
- 在论文结尾不能解释该论文究竟提出了什么观点。

在同一项研究中，用以描述优秀学位论文的词语包括“学识”“原创性”“连贯”“学生的自主性或独立性”，结构合理的论证则重视“概念化、结论、设计、逻辑与结构”几个方面（马林斯和基利，2002：379）。

如之前所述，对于在学位考试里评价的是论文、学生还是两者兼有，存在一些争议。研究表明，这可能取决于学科性质、论文的优势或不足，或者考官个人在该领域的研究实践和/或地位。可能比较稳妥的看法是，论文和学生在答辩当天都要接受评价。不过，本节描述过的用来评价论文的标准，可以转用于答辩里的表现标准、特定的离题行为以及有争议的论题，其中许多标准显然有待讨论。这才完全是考试的重点：激励学生为他/她自己研究的价值进行辩论。

无论考官的立场是什么，无论使用的标准是什么，马林斯和基利（2002：384）的研究里有一处乐观的记录，也是一种客观看待事物的有益提醒：“对学生来说，最振奋人心的信息就是，经验丰富的考官想让他们被授予学位，并且会非常努力地坚持到底以便促成这件事情。”经验丰富的考官都明白，几年的努力都内化于一篇论文，修订以及进一步的研究会给学生和机构带来损失。因此，有的考官在评价学位论文时就更有可能“宽容大度”，而不是像“司法鉴定”那样客观精确（马林斯和基利 2002：384）；当然，有的考官不会这样。

原创性

菲利普斯（Phillips）和皮尤（Pugh）（2000：63—64）提供了“原创性”（originality）的各种定义。在任何与学生、导师或考官相关的讨论里，这一概念的范围都会同样宽广。但是，人们普遍认为，对许多个人和机构来说，原创性仍然是研究的关键性标准。

考官明白，原创性可以用多种方式来界定，所以他们会在你的论文里寻找这种特质。正像一位考官所说的那样：

> 对于学位审查，我是相当紧张……寻找原创性和兴奋点，仔细地寻找。学位论文必须有关于原创性和兴奋点的内容，这样的内容在理论上让人感到兴奋，并且独特新颖，同时不必震惊世界……但是，我认为原创性是至关重要的，兴奋点也是。这是某种吸引你的东西，它表明这不仅仅是一项合格的、有实用性的研究，而且它背后有某种东西，表明这个人参与了辩论。
>
> （德拉蒙特等，2000：36）

无论在论文里是否用了“原创性”(或者“原创的”)这个词语，在答辩中回应考官时，你都应该做好使用这个词语的准备，这样你就能表明:（1）你明白在你的领域里什么具备原创性，什么不具备原创性;（2）你能评判你自己的研究在相关领域里具有何种程度的原创性，以及属于哪种类型的原创性。事实上可以说，如果这是普遍的学位评价黄金法则，那么“原创性”这个词语就应该在每一篇论文的摘要和结论里出现。

对于你的研究或者论文，如果你觉得使用“原创性”这个词语不舒服，那你一定要找到一种让你变得舒服的方式，比如阐明“原创性”对你那项研究的意义，或者使用一些其他具有类似意义的词语，如“新颖的”“不同的”“新鲜的”，甚至是“对传统的替代”。无论你选择什么措辞，你都要在你的答辩练习环节上使用。它可能会对你有所帮助：一方面，用这种方式谈论你的研究可以增加你的自信；另一方面，在阐明你可以宣称的“贡献”类别方面，可以界定或限定你的具体贡献，例如“在这种意义上的贡献（界定）……在某种程度上的贡献（限定）……”，同时直接联系你研究里的例子。

模糊性

这是另一个出现在关于学位考试及其形式与功能的讨论里的概念。甚至可能有导师和考官认为，自己的角色几乎就是模糊性

（ambiguity）的监工，考生充当一种“模糊性工人”的学徒角色。很多考官认为，自己的其中一个角色就是找到论文里的模糊之处和矛盾之处，然后跟学生一起把它们梳理出来，以便证实：（1）学生看到了它们；（2）学生可以适当修改自己的观点和/或陈述，有时随时随地就可以修改。

此外，对正在成长中的研究人员来说，答辩在很多方面都是一个过渡点，所以模糊性就被纳入了学位考试互动：

> 当天需要一种稳定的表现，但是要小心，避免教条主义。
>
> （伯纳姆，1994：30）

> 对知识的原创性贡献，是一个等同于潜在模糊性的朦胧短语。
>
> （巴尔达基诺，1995：72）

> 学生被劝告要在学术尝试中独立自主。在一个威权主义的社会结构中，将一个人训练得独立自主有一种潜在的矛盾特质，当事人并不总是能认识到这一点。实际上，教授对学生说：“要成为一个独立自主的思想者，要批判、创新并且要质疑已有的知识体系；但是要记住，对于你们必须做什么以及怎样做好它，我们将是唯一的裁判”。
>
> （加德纳，2008：326）

我们应该把这些论述理解为“甚至重要标准也可以模糊不清”吗？或者相反，我们应该把这些论述理解为对于“稳定”“原创性贡献”“独立自主”这些词语有开放性解释？

学位考试中还有其他潜在的模糊之处：

- 答辩应该透明和/或应该保持神秘。
- 答辩是一种形式上的考试和/或标准“不明确”的考试（德拉蒙特等，2000：40）。
- 学位论文是考试的主题并且/或者考官可以问你任何问题。
- 学生是专家和/或新手。
- 考官不会去拯救你，并且/或者他们会在辩论中打败你。
- 标准和实施办法都要进行界定，并且/或者没有人能预测考官会问什么或者怎么问。

秘诀不是因这样明显的自相矛盾而感到困惑，而是找到自己的路并走出矛盾。

学科差异

在学术研究里，学科之间的差异以及学科内部的差异肯定会对每个地区的学位考试文化产生影响：

> 就社会学而言，决定明确的研究问题和研究方法将是学生的责任。就科学而言，问题和方法都是由导师提前决定的。一篇经济学领域的学位论文可以包含三篇适合发表的文章。就哲学而言，需要对一个单独的问题进行连贯的考查。
>
> （韦克福德，2002：35）

这就是相当广泛的差异，每一种差异都对学位考试有启发意义。随着考试日期的临近，学生可能会很明白自己已经完成的学位类型，以及自己能够预料到的考试类型。

克拉克（Clarke）和伦特（Lunt）（2013：803）发现，原创性“由考官在特定的学科背景下进行解读”，这样一来，“考生研究主题所在的学科或领域就影响了考官对‘原创性’的理解以及对考生的期望”。许多学者（他们是自己研究领域里的专家，不是调研学位考试的研究人员）会用最强烈的措辞争论说，学位考试在他们的学科里采用的是一种相当特定的形式，这些形式跟其他学科里的形式完全不同。这可能是引起学生焦虑的导火索之一：虽然在他们的学科里最权威的人都主张稳定一致，但是学生对实际中出现的多样性太明白不过了。

如果导师坚信你所属的学科只有一类学位考试，那么为了显而易见的原因，你至少要在表面上接受他们所说的内容。不过，这并不意味着你不能（或者不被“允许”）针对这个学科做一些学位考试实施办法的调研。这并不意味着你需要跟导师争论这件事情，那样可能会消耗时间，而且最终也没有结果。但是，你应该只准备他/她预想的那种考试类型吗？是否需要核查一下？如果你确信导师已经对你所在机构、所属学科举行的学位考试做了一些功课，那也许正是你需要准备的内容。在任何情况下，你都要能根据他/她对这其中一些问题的回答做出判断。

学位类型及考试类型

尽管有人认为，一些特殊的学位类型满足“跟传统学位一样的要求”（沃普莱斯和巴纳克尔，2009：165），可能它们之间还是有明显的差异。不同类型的学位对论文有不同的要求。例如，有的学位可能包括课程作业，有的论文可能更短一些。有的学位会制定出目标和实施办法，某些情况下，论文只是提交材料的一部分。无论是在不同的高等教育文化之间，还是在同一个国家的高等教育文化里，这些差异对考试的影响就像答辩的其他方面一样，绝对不是标准划一的。这就意味着，本书所推荐的那些针对所谓“传统”学位的调研类型及核查类型也可以推广到其他学位，例如专业学位（斯科特等，2004）、基于工作的学位、基于实践的学位（温特，2000）或者基于项目的学位（奥尔普雷斯和巴那克尔，2009）。这些不同学位的有些方面可能会引起类似问题。在所使用的这些不同方法中，有的方法可能会导致考试方面的差异（帕克，2005；萨姆布鲁克和多萝莉，2011）。

另一方面，可能是这些不同学位之间在其内容与学习效果方面的差异还没有被完全发掘出来，导致针对这些不同学位的评价形式还没有得到充分发展："工商管理学位与传统的学位之间在评价方法上存在矛盾"（鲁杰里－史蒂文斯等，2001：61）。鲁杰里－史蒂文斯（Ruggeri-Stevens）等人对英国的工商管理学位项目进行了选择性调研，展示了实施办法的范围，包括有时候把答辩作为评价过程的一部分。他们没有专门针对工商管理学位的发现，但是他们提出了关于工商管理学位校外评委的问题：

> 校外评委大概都习惯于评价学位论文了。但他们是准备好使用更广范围的成功标准去评价学位论文，还是仅仅运用他们熟悉的学位标准？
>
> （鲁杰里－史蒂文斯等，2001：70）

针对这个潜在的问题，埃文斯（Evans）和卡姆莱尔（Kamler）（2002）也提出过："可能有大量研究等着那些不熟悉面前文本类型和文本目的的人去审查"（第105页）。虽然这个问题的提出跟书面研究的审查有关，但它对答辩可能也有重要的意义。

不同类型的学位之间的大部分区别，当然跟"调研"与"研究"在定义方面的差异紧密相关。"例如，在实践导向的研究里，从书面研究到实际研究的角色并不是整整齐齐地划分为两类——信息和数据”（斯威夫特和道格拉斯，1997：20）。到考试的时候，大部分（如果不是全部）学生都会很明白其中的大部分（如果不是全部）差异，但是他们可能想考虑这些差异对考试的影响。

由于还没有关于这个主题的数据库，所以对这个问题可能提供不了一种确定的解决方案。但是，学生应该不仅确保自己明白考试将要使用的标准，而且要找到某种核实导师确信校外评委知道相关标准的方式。这些标准将会影响答辩练习环节，尽管有人会认为学生还应该练习对付那些“信息偏离”的考官（即似乎使用不同标准的考官）。重点不在于学生应该准备好并且愿意回答由考官选择使用任意标准衍生出来的问题，而是学生应该形成应对这类挑战的策略。

另外，可能还有更加灵活的途径获得专业学位。“专业学位或者研究－授课型学位被认为比单独的学术学位更加灵活。因此，相对于单一的学术学位，这些学位吸引了各种各样具有不同兴趣和工作背景的考生”（萨罗斯等，2005：155）。萨罗斯（Sarros）等人的研究是在澳大利亚的高等教育系统里开展的，在他这篇文章写就时，那里还没有为学位论文举办的答辩。但是他们提出的一些有关程序和协议的问题，对准备答辩的学生、导师和考官来说都很有意义。

不过，学术学位和艺术、设计类学科的学位之间有明显差异，这些学科的学位不仅仅需要考查书面文本：

> 因此，答辩不仅仅是一次确认研究者身份的机会，还承担着更重要的角色。对研究者来说，可能是他们第一次真正有机会去充分展示实践和研究之间的联系、研究对实践的影响以及研究在实践中的体现。这些内容只能被间接提及或者在经典文献里通过图文形式勾勒出其大致轮廓，而不可能像在现场那样充分展现出来。
>
> （斯威夫特和道格拉斯，1997：20）

斯威夫特（Swift）和道格拉斯（Douglas）继续提出了一些问题。如果这是机构为了学生发展进步而经过的流程，那么这种展示是否应该一直保留到考试阶段？或者是否应该出现在考试之前？展示应该是研究流程的一部分，还是考试的一部分，或者两者都是？他们的指南是针对具体学科的，但是他们提出来的很多要点对思考其他学科的考试也很有价值，而且他们的指南跟本书提供的更详细的指南比较一致。

在其他学科（如建筑学）中，答辩的问答部分可能有不同的目的，同时考官也扮演不同的角色：

> 皇家墨尔本理工学院建筑与设计学院的考生将自己的作品进行了公开展示。他们在考官三人组面前，通过对论文的陈述和辩护接受考查……考官们问一些力图引发考生对其研究进一步阐释的澄清式问题。最后的评价会考虑考

生的作品展示、学生对作品的辩护及其整体的诠释。

（沃普莱斯和巴纳克尔 2009：164）

在这种情况下，就像本书描述的其他情况一样，对考试的组成部分和标准就有诠释的空间。例如，学生会希望知道这种评价的所有因素是否都具有相同的分量，他们可能想要知道机构的规定或实施准则、为考官和学生准备的流程或指南里是否有推荐的特定比重。学生想要了解这种比重如何用于近来的考试，并且想要确保对他们进行的评价确实是按照这种比重进行的。

最后，这并不是说学位考试不包括上面的问题。因为在某些领域，学生的研究在职业方面或实际方面的应用，是考官提出问题并进行讨论的合适主题。

个人偏好

即便确定了答辩在你所在机构里的性质，你会发现实际操作中会有各种变化形式。如果不同的答辩能以不同方式进行，你就会意识到，在这些变化形式中你会有一些偏好。例如，你可能喜欢在答辩开始时进行陈述，给自己一个连贯发言、完整汇报研究的机会；或者，你可能喜欢直接进入问答环节。如果你觉得上午更清醒或者更能集中精神，你可能更喜欢将你的答辩安排在上午；或者，如果你在下午思考能力最佳，你可能迫切想要晚一点儿答辩。

你可能没有任何这样的选择权，但是你可以向导师和考官提出请求。如果你觉得合适或者需要，也可以跟导师和考官协商。当然，这并不能保证他们会满足你的愿望，但是至少确实意味着他们会明白你的偏好。如果你不告诉他们，他们就无从知晓，仅仅向他们抛出暗示是不够的。另外，协商时间可能会很短，所以你和他们可能都会比平时言简意赅一些，少一点拐弯抹角。

“私人毕业”

> 当你为自己的论文辩护的时候，对你来说，你拥有这部作品，这些最终的决定都是你自己的决定。而且，更重要的是，对于你的研究主题，你最有可能比任何其他人都了解得多……这些都将会变得更加清晰。这种领会是一种重要的私人毕业感，一种跟公开典礼平行的、心理上的毕业。
>
> （博尔克，1998：134）

以这种方式看待你的考试有什么利弊？一方面，一旦你心里有了毕业的时刻，考试就可以促使你向学术同行转变；另一方面，你仍然必须表现得像一场考试，因为它就是一场考试。当然，你对作品质量很放心这一点很重要。如果你想表现出最佳状态，你就需要培养一种感觉，即你已经完成的东西在某种意义上（即你能描述出来并且进行辩护）就是你最好的作品。

为什么是“私人”？显然，如果在答辩中，你表现得好像自己已经做得足够好、可以通过考试，这对你没有一点儿好处。一些考官会佩服你的自信，但其他考官可能想要给你一两只小鞋穿。博尔克提出的有益观点是，每一个学生都可能会在不同时期有一个重要的心理转折点。一些人很早就会意识到他们已经做出了重要的贡献；而对其他人来说，还需要更加努力地积极构建对知识的“贡献”。对于在答辩中表现优秀的学生来说，重要的是这项工作是在考试之前，而不是在考试期间完成的。

不是历程的终点

答辩被设计为学业历程的“终点”，但在现实生活中，学业生涯并不止步于此，几乎总是有更多的研究要做。正如稍后要讨论的那样，答辩之后，你很可能要进行更多的研究和/或写作。既然最普遍的结果是考试会在修订和/或更正之后通过，那你就还有很多事情没有完成。如果你还要做一些另外的研究，这更不是世界的终点，许多人就是这样做的。就像期刊文章的同行评审一样，你期望在修订之后重新提交。所以，不要一开始把目标设定得太高，如果那样，结果就很有可能像一场灾难，因为你有更多的研究要做。

相反，你要把学位论文答辩看成是一种同行评审的开始。不过，学位论文答辩跟我们收到的有关会议摘要、期刊文章和研究计划的那类同行评审既相似又不同。主要的差异是，答辩不是由匿名评审员远距离、长时间组织进行的，而是由了解你研究的人面对面地、实时地组织进行的。同行评审会以各种既相似又不同的形式，持续贯穿于学术研究和其他领域中。

核查清单

- 阅读你所在机构的规定、程序和/或实施准则。
- 搞清楚你的答辩将要采用的形式。
- 找出将用于评价你的标准。
- 决定陈述哪些内容，以阐明你的研究是如何满足每一条标准的。
- 选择将要用来谈论你的“贡献”的措辞。

第二章

答辩分析取向

ORIENTATION

为了做到有备而战，从调研、实践、修辞等取向对答辩进行研究，可以帮助学生避免因信息不足而陷入困境，破除对于答辩的种种误解，从容应对不可避免的压力源。

对大多数学生来说，答辩是他们的第一场口试。因此，对答辩进行分析完全合适，以便让我们尽量全面理解它，从多个角度和我们熟悉的方向去接近它。

你将独自一人参加学位论文答辩，从这个意义上来说，没有一个人会在现场支持你。即使允许导师在场，他们通常也不能发言。因此，他们也许只能默默地“支持”你。导师也能感受到压力，因为他们的督导在这场考试中会暗暗受到严格的审查。例如，如果论文里有明显的疏漏或错误，难道导师没有指出来这个错误吗？同样，考官也能感受到压力，因为答辩过程的诸多事务都要由他们掌控。例如，在答辩过程中，他们在帮学生证明自己有正当的理由时能帮到什么程度，而同时仍然坚持最高的学术标准？这可能是一种难以平衡的行为。所以，这种考试中的每一个人都有理由感受到压力。这就是为什么答辩房间里可能有那么浓的紧张氛围——即使一个人放松了，另一个人可能仍然感到紧张。

答辩不需要一直是个谜。事实上，在准备如此重要的活动时，如果只是一味地认命，认为这将是一场无法预测的审讯，那就没有什么意义了；另外，还有一些出版过的研究和存档的实际记录会加入你收集的“神话”、传言、逸闻及恐怖故事行列。所以，学生恐怕要对答辩的神秘性承担部分责任。很长时间以来，他们都是通过不恰当的信息来了解答辩，他们对自己的答辩没有采用调研取向。如果某件事情既重要又神秘，就应该有针对此事的调研。你应该调研这件事情。

学位论文答辩需要一种转变，从被动的、甚至“受害者”的角度转变为一种积极的、甚至调研的角度。还可能需要一种方向的转变，从论文的创作完成，到答辩中对研究和写作过程进行的解读，都需要转变。

调研取向

学生可以成为当地答辩实施情况的调研者。在答辩研讨会上，很多学生透露，他们对自己答辩时会发生什么事缺乏明确的信息。对导师和考官而言同样如此，由于没有多少课程供他们了解自己的角色，又没有什么教材，相关研究也很有限，网络上还存在着五花八门的实施办法。因此，许多考官和导师都说，他们是根据同行经验或者道听途说推断出最好的实施办法的。

对学生来说，就像你那项研究的其他方面一样，对你的答辩采取的调研涉及几个步骤：

- 调研有关学位论文答辩的文献。
- 调研你所在机构里实际的答辩实施情况。
- 计划根据这个调研的结果为答辩做准备。

你的答辩调研结果应该是一组清晰的目标和一个针对练习环节的方案。这不需要花很多时间，但确实隐含着一种系统的方法。第八章提供有一份关于答辩倒计时的时间进度。

你可以并且应该根据你所在机构的当前做法，来调整你对不断发展变化的学位论文答辩的理解。当然，你也要根据自己的风格和个性来调整你的调研结果和思考。

实践取向

不过，仅仅采用调研取向是不够的。在这种情况下，你不能只是发展对知识的理解，还需要加强实践练习。从某种程度上来说，你甚至可以把实践练习看作是对你的表现进行设计。

这就意味着要考虑一些特定的言语模式、修辞策略和行为，它们会为你带来预期效果，让你在答辩中卓有成效。这还意味着要预测出一些可能会出现的问题（第四章）以及你大概会如何回答这些问题（第五章）。首先，它意味着运用这些问题进行实践练习，同时构思并且说出这些答案。一场精心设计、持久进行的辩论（这就是答辩的本质），要求你把已有的技巧发挥到更高的水准。你可以在答辩之前就开始思考这对你的研究意味着什么。

本书借鉴了以下经验：（1）组织答辩研讨会，为准备答辩的学生提供一对一的咨询服务；（2）学生答辩之后，跟他们进行“汇报”讨论；（3）跟各种学科的导师讨论他们作为学生、导师和考官的经历以及他们学生的经历；（4）校内评委和校外评委；（5）那些有过主持答辩经历的人。从这种意义上来说，本书采取了实践取向，同时也引导学生采取实践取向（第七章重点）。

第九章将会讨论答辩结果的话题。但是，这里也必须提醒一下学生，要对他们自己机构里的实施情况进行调研，以确定他们的答辩可能会有怎样的结果。

最后，调研和实践是相互独立的方法吗？一种方法是否会影响另一种方法？最好的实践是怎么产生的？什么会影响其形成发展？没有调研，我们怎样能证明这就是最好的实践？尽管回答这些问题可能不是考官、导师或学生的当务之急，但注意到答辩实施办法正在演变这一事实，对所有参与方来说都很重要。导师不能简单地认为自己学生的答辩跟之前学生的答辩采用大体相同的方式。相关研究和政策表明，我们在管理学位考试时要更有系统性。在对学位方案进行调研时，可能也有一些现成的“门槛标准”可以考虑，其中包括那些方案里的考试部分（梅特卡夫等，2002）。

修辞取向

本书跟其他同主题著作的区别在于，本书还为了解学位论文答辩提供一种修辞取向。这就意味着，所有的参与方都能把这种答辩当作是一种新型交际场合。因此，这就尤其要求学生审视自己对观众和目的的分析，重新考虑自己的论证模式，并且提高自己的口头表达技能。

这种修辞取向就是要解决学生对答辩前诸多事项的明显困惑。学生对显然属于基本问题的“这种答辩涉及什么内容”持有疑问，这是完全正常的，因为他们正在“从零开始”地界定那种他们不得不身处其中的交际环境。所以，不要认为“答辩会持续多久”以及“我可以带着我的论文吗”一类的问题很幼稚，我们也许应该把它们看作很睿智的问题。这些问题可能表明，学生在准备答辩的时候没有将任何事情想成是理所当然的。

把学位论文答辩定位成一种新型的交际场合，就解释了为什么会产生新的期待，为什么会需要新的技巧，以及为什么把马上要参加答辩的学生重新定位成学习者：

学生为答辩准备到什么程度，以及对于将要发生的

> 事情或者需要他们提供的东西了解多少，都存在着……差异。在对即将完成论文的教育学方向学生进行的一项调研中，84 名学生里的 21 名很不确定考官会采用什么标准……他们认为，没有客观的标准，结果完全取决于校外评委……但是，其他学生曾经主动向工作人员询问过答辩的形式和内容、考官的专长，并且 / 或者曾经参加过由他们系部举办的各种会议或模拟答辩。
>
> （莫利等，2002：267）

作为一名学生，相比于认为自己在学位考试所要求的各种实践操作方面都足够专业，你更可能会觉得，在经历考试之前先了解有关考试的内容很有道理（这十分正确）。你可能想要核查一些传言、假设以及各种可用信息来源。

仅仅增加知识也不足以应对答辩——讨论和练习非常重要；而且没有练习，指南就不会有太大用处。重复练习更有可能给答辩确定新的方向，让学生有优异的表现。

你需要掌握的答辩信息

哈特利（2000）综述了世界范围内的各种答辩形式。答辩的类型可以进行如下归类：

内容	考官	形式
只是论文？	数量？	公开？
公开出版作品？	角色？	保密？
其他著作？	导师？	报告？
作品集？	评审员？	设定问题？
表现？	报告？	结果？
	委员会 / 小组？	时长？

你所在的机构在这个分类中位于哪里？学位论文答辩在你所在的机构里是如何展开的？你所在的机构将会采用哪种（些）格式？有一种标准的格式吗？有什么变化形式吗？既然各个系部和机构里的实施办法和流程有所不同，你就需要去核查一下。

可能答辩检测的是学生针对这种新型交际场合给自己重新定位的能力。研究项目以一种新的方式呈现出来，变成了一种新的形式。书面论文变形为一组口头文本；论文撰写者变成了使用学术和专业用语的发言人，发言详尽而深入。最关键的转换是，必须对单个的连贯文本进行重新思考，将它视为一组独立的问题和篇幅可能会很长的答案。

另外，学生可能有过几次成功的学术发言经验，现在要在答辩里接受一种新“标准”的测试，看看他/她是否能接受一种新标杆（参照什么？）或一种新方式的调整。可能这就是为什么答辩感觉会像是一场问讯或者一种强迫：学生的经历表明，他们正被要求“适应”一套新的标准，这套标准不是他们自己制定的，外部标准在他们的答辩中得到了更加具体的应用。

无论这是否正确或者是否普遍，承认一种新型交际场合会给研究者的身份认同带来尴尬的副作用这一点很重要。感觉像是一种自信危机的东西，实际上可能变成了对身份认同的挑战。对一些人来说，这似乎有点儿夸大其词，但最好还是要了解并且（如果需要）去面对这个新型事件的潜在影响。否则，最糟糕的情况是，学生可能会因为被要求用一种相似但又不同的方式表现其作品而畏缩不前。答辩中出现的一些问题，可能就是源于这种与概念、“模板”或期望不匹配的情况。

卡法雷拉（Caffarella）和巴尼特（Barnett）（2000：50）提醒我们，学生需要学会给予以及接受批判。尽管他们并不关注学位考试，但他们所说的一些内容还是可以应用于此：

> 我们的建议……是，对学术写作过程的处理应该包括更多深度材料，既有关于给予反馈的材料，又有关于接受反馈的材料。这可能包括一些指南，如评论者应该拥有什么技巧，在批判过程中应该包含什么类型的反馈，怎么

处理来自不同教授的、相互对立的反馈意见；还包括对这样一种观点的承认——对大多数人，尤其是初出茅庐的学者来说，被批判既是一种理性的过程，又是一种感性的过程。

在口头上给予批判与接受批判可能也得益于训练。学位考试把一种新的挑战摆在了所有参与方（考生、导师和考官）的面前，这种挑战因需要对校外评委进行培训而显得尤为重要（梅特卡夫等，2002：附录 D）。

对学位考试的研究

尽管关于学位考试的研究比较新颖，还是出现了一系列针对政策和实践不同方面的研究。这些新兴知识体系可以根据研究者的重点进行归类：（1）考生；（2）机构；（3）考官；（4）信息不足现象。

- 考生。一些研究者聚焦于考生，聚焦于他们的表现以及他们对考试的认识。这类研究借鉴了对预想经历或已有经历的叙述。很少有记录答辩中实际发生事情的观察研究。这类研究的主题是神秘性和破除神秘性。

- 机构。还有一些针对机构政策和实践的研究。这种类型的研究将各个大学的政策文件进行分析和比较，有时也将这些政策文件跟学生报告的经历进行比较。研究表明，政策和实施情况在机构之间和机构内部都有差异。
- 考官与评价。这种类型的研究对考官的报告文本进行了仔细查阅。研究结果发现，仍然存在着有关差异和不一致的证据。
- 信息不足。最后，有一系列的研究聚焦于制造学位考试神秘感的信息不足现象，其中包括缺乏针对考官和学生的研究和明确指导。有充分的证据表明，学生对考试的许多方面都不确定；还有一些证据表明，这个问题会造成学生高度焦虑，进而影响成绩。根据学生的报告，还有一些考官行为不佳的证据。

英国首批关于研究生经历的研究之一，是拉德（Rudd）的《研究生失败新解》（*A New Look at Postgraduate Failure*）（1985）。拉德对学生进行了访谈，确认了与完不成考试任务有关的问题。他的发现表明，“失败”的根源可能始于考试之前很早的时候。例如，学生糟糕的写作策略会给他们的概念理解和论文产出带来问题。在“应该做什么”（What should be done）一章中，拉德提供了一个有用的早期预警：

> 许多学生已经受到定期督导，以便他们跟导师讨论已写出的论文内容。从我的采访中可以清楚地看出，有的学生会对此感到不满——这是学生想要的和他需要的东西之间可能存在差距的另一个例子。就像通常的情况一样，学生因为成果太少、没有东西汇报而产生怨恨时，导师不应该放任这种情况而导致不可避免的失败，而是应该主动建议取消学生的学籍。
>
> （拉德，1985：130）

这里的“预警”当然是针对学生还有导师的。1985年，拉德提议的解决方案似乎比较激进，这不仅因为当时对学生进展的例行监管要少得多，还因为当时的机构一般更不愿意取消学生的学籍。不过，为了学生，也为了机构，现在的导师可能更愿意采取这个措施了。这就意味着学生在考试阶段不太可能被评判为“不可避免的失败”，但总是有些例外。

德拉蒙特（Delamont）等人（1997，2000）以及德拉蒙特（1998）出版了关于督导以及学业经历的重要著述。和拉德一样，他们的研究也是基于访谈的。德拉蒙特（1998）报告说，导师的做法可能会受到他们自己学生时代经历的影响，因此，他向有战略眼光的学生建议，了解一点导师学生时代的经历可能是一个很好的主意，尽管有些人会毫无疑问地发现这是一件让人分心的事情。这篇论文的主要研究结果是，导师把他们的工作视为“一些平衡性的行为”（德拉蒙特，1998：163），他们尽力引导学生，同时给予他们足够的自由去锻炼独立能力。

如果是这样的话，那么对于学生来说，这个研究结果强调了就考试阶段所需了解的事项进行明确沟通的必要——是明确的方向、实践练习，还是仅仅一般性的建议？这当然也意味着导师需要让学生为考试做好准备，特别是因为有些学生知道他们究竟需要什么。德拉蒙特（1998）观察到一种更趋于系统化督导的倾向，在这种情况下，导师应该愿意主动提供备考指南。德拉蒙特等人的著作《督导博士学位》（*Supervising the PhD*）（1997）中，有一章是关于为学位答辩做准备的内容，这部分内容对学生、导师和考官都很有帮助。这本书的目标读者是导师，但有些建议对学生也很实用。

在英国，有关学位考试的研究有以下几方面：哈特利和乔里（Jory）（2000a，2000b）列出了不同国家实施的不同答辩形式，同时也考虑到了学生的观点；廷克勒（Tinkler）和杰克逊（Jackson）（2000）研究了英国大学的学位考试程序和实施办法；特拉福德（Trafford）和莱什姆（Leshem）（2002a，2008）和特拉福德等人（2002）根据对许多考试的观察和参与，确认了答辩中反复出现的问题。

韦克福德（Wakeford）（2002，2009）在《教育监护人》（*Education Guardian*）上发表了一系列文章，他采取个案研究的方法考察了学位考试在督导中的作用。他收集了大量关于学生经历的案例，这些案例为督导方面的不良做法提供了证据。他还报告了学位考试中没有实施最佳做法的案例。他的案例以学生对自身经历的描述为基础，呈现了许多重要的证据，还包括来自导师和考官的补充证据。考虑到当时的状况以及跟负面经历相关的糟糕感觉，为每一个机构都提供这样的综合证据是很困难的。但是直到我们有这样的证据时，我们也只是拥有了一部分证据。韦克福德的“研究日记”很有说服力，并为加强对督导和考试的问责制提供了有力的案例支持。如果考试期间情况不妙，或者导师的督导有问题，根据韦克福德的建议，采用申诉方法可能会有所帮助（参阅第九章）。

学生对韦克福德文章的反应，为持续存在的问题提供了证据，其中一些问题相当尖锐（韦克福德，2002）。在这些严重的案例中，很多时候学生都无法确定申诉的理由，无论他们在被督导过程中或者考试期间受到多么不好的对待。

尽管这种基于实践的见解非常重要，并且确实教给我们一些有关考试实施办法的东西，但观察研究的持续缺乏一定会限制我们从这篇文献中所能得出的结论。

有研究者试图清晰地描述出一门课程，并且对考试在该课程中的作用进行了思考（马伦，2001）；也有研究者对模拟答辩的作用进行了评估（哈特利和福克斯，2004）。对学位论文答辩的研究以及相关研究，还考虑了开设学位的学科范围以及申请这些学位可能需要的考试范围（格林和鲍威尔，2005；约翰逊，2005；帕克，2005；鲍威尔和格林，2007；鲍德和李，2009；萨姆布鲁克和多萝莉，2011）。还有的研究着眼于学生在就读期间可以培养的技能范围（欣奇克利夫等，2007）。在这种研究内容多种多样的文化中，大概不可避免的是，还是有更多注意力集中在校外评委的选择上（基利，2009）。

最后，尽管研究人员已经在尝试建立一个关于学位考试的理论与实践文献库，他们还是找不到适合这一背景的、更加成熟的同类文献。因此，我们还没有从其他相关领域的研究中学到经验。例如，关于管理实践、修辞以及沟通的文献可能相互关联，这些文献中的一些概念已经应用于高等教育的其他领域（伯纳姆等，1997）。尽管这些新方法的概念和技巧（不仅仅是术语）是否在实践中得以真正采纳还存有争议，以及它们在其他环境中是否能够站稳脚跟还未可定论，这些其他领域里的文献还是可以为学位考试的分析和研究开辟新的路径的。

例如，对提问形式的研究可以为我们在学术环境中进行答辩的方法提供信息。其中一个例子是警察审讯时使用的技巧，当然，这些技巧并不是为了达到跟答辩相同的目的，而是可以给学位考试的考官所用的已知技巧带来启发。尽管这种类比似乎非同寻常，但二者之间却有令人惊异的共鸣：

> 接受负面反馈被认为会增加不确定性，这种不确定性会增加对建议的易感性（susceptibility）。接受负面反馈还可能会损伤一个人的自尊，增加焦虑，即使只是暂时的，也会使他/她更可能关注外部暗示，而不是依赖自己内心

> 的参照系统……使他/她更易于接受建议。该模型没有假定接受负面反馈必然会导致易受影响的认知定向的强化，尽管接受负面反馈一般都会这样。对一些人来说，负面反馈可能被解释为一种需要改进的挑战，使他们对当时的形势有更加客观的判断，从而不那么容易受到影响。
>
> （贝恩和巴克斯特，2000：124）

这段引文中有几点可能对学术环境里的答辩有借鉴意义。答辩没有参考其他学科的此类研究，可能源于“答辩是独一无二的”这一“神话”。

似乎明智的做法是，承认在答辩时有可以达到特定目的或者产生特定效果的提问技巧，以及承认学生和考官了解这些提问技巧是什么可能非常有用。这不仅会使考官更加意识到那些产生一定效果的问题形式，还会帮助学生做好应对准备，例如，如何应对“负面反馈”或看起来是负面反馈的反馈。思考“外部暗示”和“内心参照系统”可能是一个有利的出发点。

例如，在英国，不止一位导师/考官描述说，他只是说了一句“哦，真的吗”，学生就会对其在答辩中说了什么产生疑问，甚至开始怀疑。这位考官说，如果他接着问“你确定吗”这个问题，学生在思考时经常会明显产生动摇，被迫重新思考他们刚刚给出的答案，看看是否正确。这里的重点不是这个考官想在答辩中打击学生的自尊。有经验的考官可能已经对如何在答辩中测试学生有所认识。学生可以为这样的问题做准备。

这类问题对一些人来说似乎不公平，因为它是在进行测试，要求考生核查他们的想法，问他们是否“确定”他们所说的话，甚至质疑他们答案的正确性。学生们不太可能在学位论文中使用“确定”这个词，而且在答辩中使用时也非常谨慎。但如果你被问到这个问题，你就必须找到某种回答方式。你必须就你在研究中“确定”的内容给出清晰并且有明确限定范围的叙述。因此，这是在答辩中提出的一个非常有趣的探索性问题，但对一个没有为这类问题做好准备的学生来说，这个问题听起来可能像一种批评。

对于学生来说，即使是隐性的“负面反馈”，也需要一个透彻的答案，这就可能意味着你必须忽略文献隐含的外部负面暗示，继续关注你内心的暗示。没有准备好回答这类问题的学生可能会成为“易感性”的牺牲品，可能会在他们的答案中迷失方向，或者可能自相矛盾。这大概解释了学生在答辩中不能发挥自身水平的情况。

一些读者会发现，贝恩（Bain）和巴克斯特（Baxter）在研究中使用的术语比较奇异或者偏重于行话，而其他人肯定会承认，我们在答辩文献里正在冒着使用“劣质行话”的风险。目前还没有足够的定义来为学术环境中的答辩界定一系列的专业术语，这可能是答辩如此神秘的另一个原因。

有人会发现，上面的引文模棱两可。第一种解释被跟它相互矛盾的第二种解释取代了；其他人会发现，这只不过是解释研究结果的过程。毕竟，摘选的部分来自一篇论文的中间。引文的目的是举例说明可用于其他领域的研究深度和分析深度。

因此，关于答辩的研究能告诉我们什么？

- 机构之间和机构内部的做法都可以变化。
- 特定的问题反复出现于各个学科之间。
- 在答辩的实施办法上存在学科差异。
- 有学生反映考官不公正。
- 没有准备答辩的既定方法。
- 关于学位考试的准备与实施，并不总是遵循国家指南甚至针对学科的指南。

先前对于答辩的研究重点一直是权术运用和权力关系，而不是用到的具体修辞和实践。这是本书旨在填补的一项空白。

可能出错的事情

不管你怎么准备，你都不能预料到将要发生的一切。不过，你可以时刻准备着独立自主地处理意想不到的事情，并且管理好自己，即使别人没有很好地发挥他们的作用：

> 也许这是我参加过的最混乱的一场答辩。论文答辩

> 主任在会议开始时说："你们都已经读过论文，有什么问题要问学生的吗？"随后的情形真是一团糟。问题接二连三地被抛出，学生在论文的一部分和另一部分之间来回跳跃。会场没有体现出一点秩序，会议也由于缺乏组织而几乎失去控制。
>
> （莱维内，2002）

我们都听说过关于答辩的恐怖故事，但实际上它们多久发生一次？我们是怎么知道的？对于实际发生的事情，数据是有限的。一切都在"紧闭的门里"发生，没有一个人知道究竟应该期待什么。

但是，不要对你听到的消息感到恐慌，你需要填补信息漏洞，因为事情不可能都发展得很糟糕。这本书旨在引导你对考试进行思考，这样你就可以直面不可避免的压力源，并准备好应对它们。

综上所述，所有这些观点对本书的标题提出了挑战。归根到底，你的目标不应该是"熬过"答辩，而应该是表现优秀，发挥你的水平，并在实际中做到极致。答辩当天，你就可以贡献一场卓越的表演。

警告：具体到自身情境

这条警告信息会以各种形式在整本书里重复出现。毫不夸张地说，为了顺利通过答辩，你必须做到：

- 了解你所在机构的学位考试流程和实施办法。
- 跟你的导师、同行和其他学生讨论本书中的要点。
- 对所有章节的要点进行改编，以适用于你的主题、你的论文和你自己。

虽然本书提供的一般性指导建议和具体性指导建议是建立在已有的学术资料以及良好实践经验的基础上，但是你有责任找到更具体的信息——具体到你所在的机构，如果需要，具体到你的系部，具体到你将要参加的特定的答辩。你有责任构想自己的最佳表现——最好提前构想。没有人能替你做这些事。

核查清单

- 思考关于答辩的研究对你的答辩有什么帮助。
- 从调研取向、实践取向和/或修辞取向去了解你的答辩。
- 复核本书观点和你所在机构的规定和程序。
- 搜寻具体学科的答辩指南——也就是你所属学科的答辩指南。

第三章

角色和责任

ROLES AND RESPONSIBILITIES

一场答辩会的参与者除了考生，往往还包含考官、独立主席、委员会、导师等人员。提前了解好每个人的角色和职责，就能帮助学生适应这些不同角色，有针对性地提高技能。

警告！ 每个机构、每个导师以及每个考官都有他们自己的答辩轶事。然而，对于你参加答辩时可能发生的事情，这些并不是最佳信息来源。要谨防仅仅根据轶事来预测你的答辩、塑造你的实践。

修辞设计：观众和目的

从修辞角度来理解答辩的本质，是将其视为一种新型的交际场合。在某些方面，它可能不同于就你的研究和写作进行的其他讨论。因此，不仅要考虑观众和目的，而且要对之进行分析并重新全面思考，进而设计你在这种新背景下的行为动作，使得它们是完全适切的。把答辩当作一种新型事件，你就要准备对你的设想、期望和行为作一些改变。即使是熟悉的面孔，也可能被要求在学位考试中扮演新的角色——例如，作为校内评委。这些角色中的每一种都可能有相当具体的本土化定义，但以下所有角色都参加每一场学位论文答辩是不太可能的。

- 导师／论文顾问／辅导老师。指在博士／硕士整个课程期间，其工作与学生有密切关系的学术工作人员。他们在答辩中通常没有发言的机会。
- 校外评委（1）。指另一机构的学术人员或有相关经验的人。他通常是首席考官，可以主持答辩。
- 校外评委（2）。在一些高等教育文化背景里，校外评委来自另一个系部，但并不总是首席考官。对于跨学科研究项目，校外评委可能是排在第二位的工作人员，他们有能力在第二个学科领域内进行审查。
- 校内评委。指考生所在系部或学院的学术人员，通常（但并不总是）在学生的研究领域或相关领域里具有渊博的知识或某种专业知识，可能还在学生读博期间组织进度审查。
- 独立主席。指的是没有参与学生研究的中立学者。该中立学者应该之前没有接触过正在接受审查的研究和论文。在一些文化里，导师主持答辩，独立主席负责确保各项规定和程序的执行。

- 委员会。指参与该项目的学者团体，包括导师、校外评委和校内评委，也许还有其他人。

每个术语在不同机构中都可以有不同的含义。此外，当一个房间里有这么多专家时，他们之间的相对地位就难免出现让人担忧的问题。对于学生来说，了解考官的相对地位可能很有意思。但实际上，在大多数情况下，这可能都跟答辩没有关系，而且在答辩时会使人分心。

考生要意识到，请导师或独立主席出席答辩并不是惯例，这一点很重要（第一章已经指出，这方面并没有惯例）。不过，独立主席越来越多地出席答辩，有助于解决潜在的问题。但如果没有独立主席，校外评委可能会主持会议。

下面的内容对每种角色进行了概括性描述。但是，除了跟导师讨论以外，你还必须根据自己机构的规定和程序来确定谁会出席你的答辩，以及他们扮演什么角色。

考生

首先，要为你的角色进行定义。随着答辩日期的临近，你会采取以下哪种或哪些态度？

鸵鸟：我宁愿现在不去想它

你把头埋在沙子里，推迟对答辩的思考。你做出决定：既然实际情况如此多变，无论如何你都无法准备。研究项目刚开始时，这也许合乎情理；当然，你的确可以推迟准备工作，直到恰当的时候——但你也把对准备工作的思考推迟到了更晚的时候。

他们和我们：他们出来就是要对付我

你把考官看作对手，假定他们也会这样看待你。你把答辩看作是对某一领域知悉的人（他们同时掌握权力）和不知悉的人之间冲突的体现。这种立场有一丝真理：考官就是要探查你的论文，并测试你的知识，也许一直到你的知识边界。他们很可能会发现这些边界在哪里，并检查你是否认识到这些边界——你还不是一个世界级专家。这种对学位论文答辩的态度可能因传闻和轶事而愈加强烈。

讨论：我知道他们想谈论什么

这种态度认为，作为考生角色的你，跟考官之间有差不多平等的关系，你们有相同的兴趣和专业领域。虽然学位论文答辩确实是专家之间的一场讨论，但采用这一角色的考生有将答辩误认为是“温和的聊天”的风险。答辩偶尔是这样，但往往不是这样。你也不能确定他们究竟想谈论什么。

磨难：我的头脑会一片空白

你对答辩的景象感到害怕。当然，答辩不应该是一场磨难，但也有一些折磨的因素：风险要多高有多高；考官很可能是你研究领域的主要人物；尽管你尽了最大的努力去研究答辩，却仍然有许多未知数。除了对研究的一连串批评之外，你可能什么也不能期望。事实上，你所要做的就是证明你可以接受批评，为你的研究辩护，并讨论其局限性。

形式：答辩就这样吗？

如果学位论文答辩对你来说只是一种形式，你会觉得你已经通过了。同样，很容易看到这种态度来自哪里，尤其是当你的研究出类拔萃时。为了参加答辩，你的导师必须认为你的论文是有提交的价值的：

> 目前……到你能参加答辩时，大家都假定你会通过答辩完成学位。大多数研究生课程都比过去更加仔细地监测学生的进展，并尽早筛选出那些他们认为不能达标的学生。
>
> （博尔克，1998：133）

这表明你已经达到了所要求的标准。当然，这不完全正确，因为你和你的研究仍然要受到审查。因此，答辩在任何意义上都不只是一种形式。如果在答辩之前或答辩期间，你表现得好像自己已经通过了，你会发现考官会用行动更正这个假定。这可能是学位论文答辩中有时冒出的攻击性的根源：考官觉得需要通过采取更消极的提问方式去更正学生认为自己已经通过答辩的错误观念。在这种情况下，好像考官觉得他们必须为这样的学生重构答辩的经验，让他们意识到：写一篇好的论文，甚至得到完美的研究结果，仍然不等于“通过”。

也就是说，虽然博尔克（1998：133）对考生在答辩期间的角色和地位转换提出了一个有益的观点——“在你的领域里表现得像个专业人士和专家，作为你已准备好做出转换的一部分证明”，我们也应该清楚，她所主张的是做好成为考官同行这种“准备”的表现。学位考试留下一个你还没有完全达到要求的标记。这个标记要求你承认论文有些部分体现出你的研究还处于不成熟的阶段，你的理解还有待于进一步加深。这并不是说你应该简单地承认“是的，我的研究还很薄弱”，而是应该提出证据，赞同那些会改进研究的具体变更内容，反对那些你认为不会改进研究的其他变更内容。

让情况更加复杂的是，我们都知道，有些情况下，考生一进入房间，也就是在答辩刚开始的时候，就被告知已经通过了答辩。虽然有些人认为这是一个理想的放松机会（让考生放松可能是目的），事实上，你还是要完成所有的事情，前面那段里的所有内容仍然适用。现实中，你可能会发现这种情况要求更高。一些学生报告说，他们精神振奋地准备参加答辩，结果一开始就被告知已经通过，有些人感到垂头丧气，另一些人则不知所措。这个时刻可能令人困惑，因为你仍然要把这一切做完——你仍然需要讨论你那项研究，并为它辩护。

考试：我要做什么才能通过？

如果答辩是一种考试，那么必须有一套标准，考官可以提问的内容必须有些限制。在这种角色里，你把自己定位成一个必须为一场特定考试做准备的学生。这也合乎情理。然而，答辩里有一些意想不到的因素，你无法预测哪些问题会出现，或者考官将如何评价你的回答。对于成功通过答辩的人来说，这是一种新型的考试（而考生肯定已经通过了许多考试才到达这一步）。

也许，最好的态度就是对你自己的研究采取批判的立场。在一个项目上研究了几年之后，做到这一点通常并不难。所需要的转变是从为解释你那项研究以及你所做贡献构建一种叙事性的合理论证，到构建一种对疑问的灵活运用。就像我们在写论文时所做的那样，我们要反思而不是报告。到此时为止，你可能已经把你的论文看作是一个与其他文本类似但又有所区别的文本，它现在进入了公众视野，并加入了被辩论的行列。在某种意义上，如果你能以一种不同的、更有争议的方式看待它，同时仍然以连贯文本的旧有方式看待它，可能会有所帮助。

在对你的角色进行的所有不同定义中，下面的定义也许是最有帮助的：答辩是一种考试，你的角色是考生，考官的角色是评估你的知识以及你的理解。

考　官

尽管有多少个机构实施答辩，就有多少种变化形式，但你答辩时的观众很可能就是一个由校内评委、校外评委、导师（尽管不是所有机构都这样）和/或独立主席（同样，不是所有机构都这样）组成的小组。如果你是机构里的一名工作人员，或者你的研究项目是跨学科的，就可能有不止一个校外评委。一个普遍的原则是，论文和学生由没有参与研究项目的人进行审查与考试。

我们可以开始界定每一种角色所参与的事项，但是你应该核查究竟有谁要参加答辩，他们的头衔是什么，他们在你所在机构里的角色是什么。

学生一旦意识到他们的命运掌握在他们可能素未谋面的人手中，一些问题就会反复出现在脑海里，下面是其中的一部分：

- 谁选择校外评委？
- 这一点是怎么做到的？

- 校外评委是谁，我有发言权吗?
- 什么时候是开始思考这个问题的最佳时机?
- 考官的工作我应该了解多深?
- 考官应该具备什么资质、有哪些经历或受过什么培训?
- 我的考官会是我研究领域的专家吗?
- 送到考官手上的那本论文副本应该是什么样的定稿?
- 考官想要寻求什么?
- 我应该避免跟他们争论吗?

你应该了解考官的研究工作。如果你还不了解的话，看看他们发表的作品是一个不错的主意，因为这可以让你理解他们为什么会提出这样的问题。例如，如果你的考官使用了跟你不同的研究方法，你可能觉得没有必要把那些研究方法列入你的文献综述里，但他们可能希望你了解其他方法的价值，包括他们喜欢的那些方法。

学位评价的校外评委必须拥有博士学位，通常情况下是这样的，但也有例外。从某种意义上来说，他们将会成为该领域里享有地位和声誉的专家。然而，可以肯定地认为，他们没有接受针对考官角色的培训。虽然许多新任考官私下说，即便不是培训，如果有人指导他们，他们也会非常感激，但是校外评委并没有接受过例行培训。不过，最近有更多的行动去改变这一状况，例如英国高等教育拨款委员会的一些行动。目前，考官接受培训还不是一种要求："考官没有接受培训"（韦克福德，2002：35）；"对考官进行培训将会作为机构工作人员进修的一部分”（梅特卡夫等，2002：52）。即使按照规范提供了培训，学生是否会提前知道他们的考官参加了这样的培训，也值得怀疑。

校外评委的第一项任务是写一份关于论文的报告，并在答辩日期之前提交给机构。在某些情况下，如果论文很薄弱，他们可以选择建议推迟答辩。通常他们还要在答辩期间或之后完成考官报告。这份报告要求考官具体说明学生在答辩和论文里已经达到了或没有达到什么标准。例如，可能有六到七个标准，其中也许包括“论文是原始研究的记录”（思克莱德大学的要求）；然后，考官必须勾选出他/她认为你在答辩期间达到的每一条标准；此外，考官必须给出书面原因，解释对你这场考试做出的评判以及结果。

在一些机构里，学生在校外评委的选择上有发言权，至少可以跟他们的导师讨论有哪些选择。如果你所在的机构是这样的话，你想要谁担此大任？你会怎么选择？你有偏好对象的清单吗？一方面，你希望你所在领域里最优秀的人员参与你的研究，这样他们就能深入了解你的研究，而这对你的职业生涯可能会大有裨益；另一方面，你可能会对你所在领域里最优秀的人员感到害怕，而他们可能确实有强势的性格或行为风格。你可能从其他学生或同行那里听说过，这些人在担任考官角色时往往很吓人。如果你所在领域里可供选择的可能只有一位专家，你就无法“选择”了。你应该核查你所在的机构是怎么选择校外评委的。最好不要拖到最后一分钟，因为寻找一个适合每个人的考试日期的过程可能会花一些时间，这样可能会推迟考试和毕业。

在有些机构里，虽然校外评委的选择通常是导师跟学生讨论的事情，但并不由考生做出最终选择；有些地方甚至把导师也排除在外，这个选择是由系部内研究生课程主任做出或批准的。然而，在实践中，导师在选择方面常常有很强的发言权，他/她往往（尽管并不总是）更有条件知道谁可能对你的方法或论点表示赞同。还会出现的情况是，导师提议选择一个“好说话”的人，在答辩时不会刁难你。当然，这种想法可能失算。导师自己就经历过或听说过考官在学位考试时性格发生变化的故事。

德拉蒙特等（1997）指出，校外评委的遴选并不只是选择你所在领域的专家。选择是在以下几个方面之间的一种平衡：校外评委在该研究范围内的专业知识；在该领域里的资历和地位；关于该领域的一般知识的水平；以及关键的是，作为一名公正考官的声誉。他们补充道，校外评委也可能是能为学生的个人发展提供帮助的支持者或赞助人。

许多人更喜欢有经验的考官以及来自高等教育系统的人选，因为有经验的考官可能没有那么多东西要证明，而来自高等教育系统的人选了解研究的级别。他们都知道相关的方方面面，而且有些人认为，他们不太可能有不切实际的期望。例如，对于本身没有博士学位但在另一个领域有丰富相关经验的考官，导师可能需要就他们的任用向机构做出解释，具体说明拟任考官的专长。这可能包括几行内容，详细说明他们的相关经历，即与审查特定学位有关的经历。

有一些非正式的程序，可以据此对潜在考官进行“考查”（如果他们还不为导师或学生所熟知的话，虽然他们常常为导师或学生所熟知），试探着搞清楚他们是否愿意并且可以承担这个角色；与此同时，也有一些正式的程序，这些程序在不同的机构里各不相同，一般要求考官由系部或学校研究委员会批准，并由该大学的高级学术决策委员会、理事会或董事会任命。

考官的报酬不是很高，常常有非正式的互惠安排：

> 每一个考生的学位考试，都要寻找两名考官：一个“校外”评委，即该领域的公认专家，收取极少的费用；一个“校内”评委，通常是学生所在系部的成员，在论文督导中没有发挥显著的作用。潜在的校外评委由导师确定（有时跟学生协商），并且通过一个互惠系统来诱使其承担这一职责，作为一种恩惠，预期会有所回报。
>
> （韦克福德，2002：35）

这里的关键是，有些（不是所有）机构里，学生可以跟导师讨论潜在的校外评委，他们可以推荐人选。对于谁会成为最佳考官、最宽松考官或者最公正考官，可能立刻就会有赞同或反对意见，但是应该有一场讨论，并且应该在拟定考试日期之前进行比较好。

尽管学生并不总是参与校外评委的遴选，而且许多学生不知道他们可以参与，但有一种措施以书面的形式规定了学生对遴选工作的参与："学生应该……能够对考官的选择进行评论"（梅特卡夫等，2002:52）。此外，梅特卡夫（Metcalfe）等人指出，校内评委和校外评委的遴选标准都应该是"透明的"。查看你所在机构发送给校外评委的材料会很有用处，因为这些材料会描述一切事宜，而且，将这些材料出示给你是机构实现透明的一种方式。

答辩小组

"答辩小组"这个词语是指考官（校内和校外）和主席（如果有的话）的集合体，但他们能否作为一个小组来发挥作用还未有定论。例如，他们会作为一个小组来做出通过/未通过的评判，还是评判由校外评委单独做出？你需要核查一下你所在机构的实际情况。

采用答辩小组形式在有些机构和文化里是一种惯例，而在其他机构和文化里却是一个全新的概念。而在最近，有人呼吁把答辩小组变成惯例："最终考试是一场答辩，有一个独立的答辩小组，这个小组由至少两名在相关领域积极进行研究的考官组成，其中至少一名是校外评委"（梅特卡夫等，2002：52）。这是否会成为惯例（再次提醒第一章提到的关于"惯例"这个概念的警告）仍有待观察，但是看到关于设立答辩小组的如此强烈的建议真是耐人寻味。

答辩小组模式的优势在于（尤其是答辩小组由一个“独立主席”管理时），答辩在某种意义上不再是“闭门”举行。在答辩参与者害怕裙带关系、恃强凌弱或拉帮结派时，他们可能会得到安慰，尽管他们的恐惧不太可能被完全消除。尽管如此，由于答辩小组模式让更多的人进入房间，并且校外评委并不主持答辩，所以就会相对保证公正性（虽然不是确保）。想必，这正是采用答辩小组方式的目的之一。

独立主席

有些大学由一个既不是导师也不是考官的中立人主持答辩。在有些机构里（也许只是一些系部里），这种模式是“惯例”——不仅用于这场最终的考试，而且用于定期的审查会议。独立主席的角色已经被用来履行几项重要的职能。独立主席有责任确保：

- 评估是严格、公平、可靠和稳定的；主席要在必要时积极维持这些标准。
- 考生有机会为自己的论文辩护；主席要确保考生有机会回应考官的所有问题。
- 考官的提问不能咄咄逼人、充满对抗或者不合时宜；必要时，主席可以介入。

- 考官遵循机构的规定和程序；如有需要，主席要向考官和考生双方提供规定方面的建议。
- 考官关于论文的初步报告在答辩前完成；主席负责安排答辩前考官之间的讨论会。

这可能是（或不是）你所在机构的做法。即使这是研究进度审查的惯例，你可能也想核查一下那些审查的程序是否会用于你的答辩。如果你所在的机构没有设立独立主席的角色，答辩可能会由校内评委或校外评委来主持。如果校内评委主持答辩，校外评委可能会主导提问。

增加另一个人到答辩现场似乎会增加学生的压力，但实际上，考生应该放心，独立主席的作用是确保规定和程序得到遵循，这只会是一件好事。同样，你可以核查一下这个角色是否用于你所在的机构；如果是，你要明确这个角色及其职责是如何界定的。

角　色

学生花了三年时间遵从导师的评判，努力满足他们的期望。因此，让他们感到异常震惊的是，他们发现自己的导师被禁止参与决定结果，而决定结果这件事情竟然是由因不熟知学生的研究而被选中的两个人完成的！……校内

> 评委的处境可能……很微妙。他们在评价同行门徒的研究时，能自信地反驳那位同行所青睐的并且表现卓越的被提名者的观点吗？
>
> （韦克福德，2002：35）

每个机构里都有一个谁扮演哪个角色的微妙问题：

- 谁负责？
- 谁主导？
- 谁做最后的决定？
- 谁最有权力？
- 谁是主席？
- 导师会发言还是会沉默？
- 谁会记录讨论的结果？

最后一点非常重要。答辩当天，无论是通过巧妙还是明确地询问，你都应该核查清楚，这个人是否正在尽到其应尽的职责。

在你的机构里要问的问题

对于一些学生来说，本章的定义和指导显而易见。他们超越了论文作者的视角，并且研究了其所在机构的学位考试程序；或者，在他们得知其所在机构的学位考试实施确实是“透明的”之后，心情可以放松下来。然而，即使对这些学生来说，也不妨提前仔细检查几点关键信息，程序总会有所变动。

询问一下你所在地区或系部关于答辩的信息。你大概没有兴趣听人们对答辩的“一般看法”。你需要来自机构和/或导师的信息，最重要的是现行文件的信息。

在你的机构里要问的问题

- 我在哪里可以得到大学组织这次答辩的规章和程序副本？
- 我的校外评委是谁？他/她已经被大学任命了吗？如果没有，我能知道应该问谁吗？
- 谁会参加我的答辩？
- 会有一个独立主席吗？如果有，会是谁？
- 每个人将扮演什么角色？
- 他们每个人将要寻求什么？
- 答辩可能会持续多久？
- 会发生什么事情？
- 有议程表或者议定书吗？

- 我能为我的论文做报告吗？
- 我能有一份答辩时使用的考官报告表的副本吗？我能有一份考官将要使用的论文报告表的副本吗（如果有的话）？
- 什么时候会有一次模拟答辩？

你应该知道你的机构是否采用两阶段的学位考试过程。第一阶段，考官阅读论文并写一份关于论文的报告；第二阶段，考官在答辩结束时写一份报告。你可能想问一下获取考官论文报告的规定是什么：

> 很少有机构报告说，在答辩之前准许考生得到考官的报告。但是，还有待证实的是这样一种观点：让学生深入了解答辩时可能出现的各种问题至少有些好处；相反，把那些问题一直保密到答辩进行也许没有什么好处。什么信息应该在答辩之前传递给学生，这个问题在下面的背景下必须给予回答：机构将答辩目的看作是整个考试过程的一部分，尤其是把答辩看作一次捍卫知识立场（一篇论文）的机会……简而言之，机构大概希望讨论：他们设置答辩风格的主要目的是不是测试考生以即时、（某种程度上）自发的方式，在面对难题时当场为自己的研究进行辩护的能力？如果答案是肯定的，那么显然事先不提供任何关于

> 待讨论问题的信息这种体系比较合适；但是，如果这个答案是否定的（或者不那么模棱两可），那么重新考虑一下在答辩之前可以提供什么信息可能比较合适。
>
> （鲍威尔和布朗，2007：17）

显然，这可能是一个有争议的问题，但学生可以询问他们的机构是什么做法。通过阅读上述引文的完整报告，他们也许会受益颇多。即使他们无法获取关于他们自己论文的考官报告，这份完整的报告大概也有助于了解考官报告可能包含的内容。下面列表中的一些问题可供你询问机构、管理员和那些负责你正在进行的研究或课程的人员，这种方法可以对不同来源获得的信息进行交叉核查。关键的标准是，你要有一套最新的程序以及回答你其他问题的答案。

询问你导师的问题

- 我能有一份这所大学将用于我的考试的程序副本吗？
- 我的答辩会持续多久？
- 谁会在现场？
- 我可以预料到什么类型的问题？
- 我怎么评估自己的答案是否正确？
- 如果我不能回答考官的问题怎么办？
- 我必须要说明我的论文如何融入更广阔的研究背景吗？
- 到了这个阶段，我能认为已经通过了吗？

- 我需要有多少背景知识？
- 我应该在哪里设立边界？
- 考试正要开始之前，我能去哪里？
- 谁会支持我？
- 你会在现场吗？
- 如果我遇到困难，谁会帮助我？
- 我应该穿什么衣服？
- 如果我在答辩时表现很糟糕，但是我的论文很不错，我还能通过吗？
- 如果我的论文很薄弱，但是我在答辩中做得很好，我会通过吗？
- 我必须达到的标准是什么？
- 我应该承认这项研究或这篇论文的薄弱之处吗？

要准备好重复你的问题，追问后续问题，或者以不同的方式问你的问题。不要满足于“视情况而定”这个答案。答辩期间，你会被问到许多问题，因此，在答辩之前，你需要自己问一些问题。

盘点你现有的技能

学生在这个阶段可以发挥积极作用：让自己做好当天表现优异

的准备。尽管第七章会为你的答辩练习提供一个框架，但考虑一下本章对你在答辩期间举止行为的影响也很有道理。总结一下你参加口头讨论和辩论的优势和弱点：

- 你擅长 / 不擅长做口头报告吗?
- 你的优势和弱点是什么?
- 你觉得在会议和研讨会上理解关于你那项研究的问题是容易还是困难?
- 你认为你在过去是否回答得很好?
- 对于你在做报告时，以及你在回答其他同行关于你那项研究的问题时的表现，你曾经收到过反馈意见吗?
- 你有辩论技巧和经验吗?
- 在面对专家组或专家个人发言时，你足够自信吗?
- 你有在压力下表现良好的策略吗?
- 面对消极或咄咄逼人的提问，你表现得好吗?

这不是回到本章开头描述的“鸵鸟”立场的时候；相反，现在是该正视问题的时候了。你必须想办法适应答辩参与人员以及他们的不同角色。

核查清单

- 弄清楚谁会在场，以及他们的角色是什么。
- 阅读（机构和系部的）规定和程序的最新版本。
- 理解每个人的角色和职责。
- 确定你需要提升或练习哪些口头、辩论以及其他技能。

第四章

问题类型

QUESTIONS

本章列举了论文答辩中可能出现的种种问题类型，并对它们进行分析。这些问题全都出自真实的答辩情境，它们体现的复杂性比任何其他种类的考试都多，能够充分激发学生的思考。

无论是在家、工作地点还是教室，问题都会引发学习。问题可以催人兴奋、造成干扰、训练思维或者给予安慰，但总能激发深入的研究。

（克里斯滕森等，1991：156）

许多学生对答辩中被提问题充满好奇，也有一些学生感到恐惧。对于那些熟悉自己研究主题的人来说，这些问题确实可以“催人兴奋”，就像任何与该领域专家的其他深入交谈一样。大概“造成干扰”的是拆分考生认真组合而成的整体论文。但是，对一项研究进行严格审查的训练可以让你有一种满足感。如果能预料到问题并且练习了回答，你也有可能在回答（关于你那项研究的）问题的能力方面找到些许“安慰”。在答辩的背景下，提问可以激发深入研究，但至少在开始时，重点应该放在对已做研究的审查上。

本章综述并分析了学位考试时可能出现的问题类型。回答学位考试问题的策略将在下一章里论述。这并不意味着答辩就是一系列简单的问答交流，还会出现更复杂的交流过程。这些问题选自与导师、考官和学生多年的讨论，因此体现的问题类型比任何一次考试里出现的问题类型都要丰富。学位考试问题有多大的可预测性？有些人认为，根据传闻和经验，每门学科里所提的问题都各不相同；然而，有证据表明，“集群”问题可以被预测（特拉福德和莱什姆，2002b），而且应该被用于准备工作。

对于准备答辩的学生来说，本章的目的是帮你确定如何从整体上把握回答问题这项任务，特别是如何回答下述类型的问题。例如，你认为自己在回答问题时应采用什么方式？你想在回答问题时采用什么语气——反思性的、对抗性的、权威性的还是教育性的？如果你受到盘问，你将如何回应？你会保持对话或辩论的语气吗？这会取决于考官是谁以及他们的表现吗？还是与此无关？

本章所涵盖的许多问题都特意采用了一般用语的形式，但学生有责任根据实际情况，把这些问题写成对自己论文更有针对性的形式。

如果想要了解更高级的问题，即一些更长、更精细并且已经在跨学科的答辩里被提出的问题，参见特拉福德和莱什姆（2008）。

当然，你应该跟导师谈谈可能会出现的答辩问题，包括这些问题的一般和具体措辞，以及它们的长度、形式和范围。

所有这些问题不可能都会出现在你的答辩里，因此你需要自己编制一“套”问题，并围绕这些问题制订练习计划。

同时，你必须不断提醒自己，在这些问题中，可能只有极少数会出现在你的答辩里，也许一个也不会出现，也许不是正好以你自己改进的那“套”问题的形式出现，但是，使用这些问题来练习几乎确定无疑地会提高你回答任何答辩问题的能力。

无论是在本章的理论中，还是在你的答辩里，问题最重要的目的都是为了促进你的了解——了解你从开始攻读学位以来学到了多少东西。答辩中提出的问题会帮你敏锐地领会这一点，但你最好在参加答辩之前就开始了解。也就是说，本章中的问题所触发的思维和练习，可以帮你在进入答辩之前就有一些了解。

回顾你的学业“历史”

开启考试准备工作的一个很好的方法，就是回顾你的学习历程。回想一下你和导师讨论的话题，特别是他 / 她似乎想要定期或反复跟你讨论的话题。记住你在研究初期阶段收到的反馈意见。记住你在过去几个月撰写和修改论文期间与导师讨论的问题，其中可能会包含答辩问题。如果你现在还在这个阶段，在接下来几个星期或者几个月里，要把这些问题写下来，把它们归档存放，并且在提交论文之后的练习环节中使用它们。

回顾反馈意见

- 有什么信号表明你研究里有的部分强于或弱于其他部分吗？
- 针对你撰写的某一章内容、某一篇论文或某一则报告，你收到过一些看上去特别积极的反馈吗？
- 无论是你做了什么、说了什么还是写了什么，都会产生强烈的负面或怀疑反馈吗？
- 对于导师似乎想要在讨论你研究的某个方面上花费的时间，你曾经感到过惊讶吗？
- 在选题、研究设计、伦理许可、数据收集和分析这些阶段，你被问了哪些问题？是否有一些反复出现、似乎从未消失过的问题？
- 你在专题会或研讨会上被问了哪些问题？你的研究、作品或报告中哪些地方似乎因为最有争议、最有趣和/或最有价值而给读者留下了深刻印象？
- 在研究的最后几个月里，导师问了你什么问题？他们对你所写章节的后期版本和终稿做了什么评论？

- 你被人邀请过谈论或传授你的研究方法或研究结果中的某一方面吗?
- 期刊同行评审员对你的研究有什么疑问和评论?

这些问题的目的是唤起你的记忆。可能有些问题就隐藏在你攻读学位的整个历程当中；或者，在这些早期或者晚期的讨论里，关于什么问题可能出现在答辩中，可能会出现一些线索。甚至可能有一些模式，如果你对最近几个月反复出现的问题加以分析，你就可以发现它们。在你当时看来，这些模式只不过是导师的个人执念，但现在，你可能会把它们看作是表明辩论可能出现之处的指针。此外，你已经被问到的问题或许暗示了考官对你的研究很可能做出的反应，以及他们将要提问的问题类型。

如果你对记住那么久远的东西有困难，你可以试试用我在《如何写论文》(默里，2011)里写到的“导师的新兴类型学”(emerging typology of supervisors)来唤起你的记忆。但是，如果你不记得任何问题、没有经常报告你的研究进展、没有经常跟导师讨论你的研究(这种情况常常发生)或者最近没有跟导师讨论过，你就可能不知道他们现在对你的研究有什么看法。如果是这样，就请导师回想一下，帮你记起一些问题。

此外，在你的研究或学习过程中反复出现的问题可以被认为已经得到彻底地回答了，或许你应该专注于新的问题。然而，请记住，考官不知道你跟导师和其他人讨论的所有主题和问题，你可能需要重新回答一些非常熟悉的问题。回忆并重新构建最好的答案，同时反思你的答案是否有进展。例如，随着时间的推移，这些答案是否变得更有说服力、更加详尽或者被更好地证明或引用？在你的研究期间，这些答案是否发生了微妙或根本性的变化？指出你对早期答案不足的认识，以及“较新”答案的优势，这既是展示你的知识的一种方式，又是展示你学习的一种方式。你可以通过直接比较早期答案和后期答案，来搞清楚这一点。当然，有些答案可能与出版过的著作（包括你自己的）有关，而其他答案只与你的研究有关。

确定如何提出问题，确定哪些由别人（包括这本书）提出的问题跟你的考试息息相关，并且有益于你的练习环节。

准备学业经历概述的另一个目的是让你为答辩中频繁出现的第一个问题做好准备：

- 你为什么选择这个主题作为研究对象（特拉福德和莱什姆，2002b：41）？
- 你是如何培养对这个主题的兴趣的？
- 你能跟我们说一下你是如何开展这项研究的吗？
- 是什么原因促使你想做关于该主题的研究？
- 我想知道对你来说这篇论文的起源是什么。
- 告诉我你是如何开展这项研究的。

你的回答可以采用许多形式：

- 从理论方面讲，可以基于你之前的学习或研究。
- 从个人方面讲，可以凭借你对这个主题付出的长期努力。
- 从专业方面讲，可以基于你的经历、知识结构和/或掌握研究所需新技能和新知识的迫切愿望。
- 从概念方面讲，可以基于你的研究目前在该学科中的位置。

有理有据、饶有趣味的答案可能不仅仅是对导师资助以及你对申请研究岗位或课程所作出的一句话解释。构建一个长一点的答案，持续四五分钟，并把该答案组织成一篇故事——首先……接着……后来……最近……；或者，五年前……三年前……过去三年里……今年……下一阶段……。给出你对研究主题越来越感兴趣的细节——你修过的课程、做过的项目、经历过的实习、从事过的工作、出席过的会议、做过的志愿服务、参加过的研讨会、读过的书籍、看过的文章、浏览过的网站、用过的推特账户，还有影响你的人。把这一点作为一种逻辑递进的过程（也许正好使用那些语句）进行构建与练习，贯穿于你多年的学习、工作、活动和生活中，直到现在的项目，并继续推进。如果可以的话，提供一个将该项目作为你职业和/或生活的下一个必然阶段的根本原因。

在回答问题期间，如果一个考官盯着地板、看看天花板或者开始/停止书写，不要担心——他/她可能只是在思考接下来要问的第一个“严肃的”问题，或者是在思考如何将这个“严肃的”问题跟你在回答第一个问题时所说的内容联系起来，甚至是在思考他/她晚餐要吃什么、能否赶上火车、返程时计划要做的工作。你没有办法知道他们在想什么，如果你试图从他们的表情、神态或他们的所作所为中找出答案，就会分散你的注意力。因此，最好不要试图猜测他们在你说话时的所思所想，这也需要练习。正因如此，你才要为这些问题准备满意的答案，这样就不会因为考官的明显反应或者缺乏反应而受到打击。

可预测的问题与不可预测的问题

尽管本章将帮助你预测答辩时可能被提问的问题类型，然而很明显的是，要预测出答辩当天考官将要提的所有问题，或者考官提问时采用的形式（这同等重要），对你或其他任何人来说都是不可能的。尽管某些部分可以预测，但仍然会有不可预测的部分。

不过，正如特拉福德和莱什姆（2002b）所发现的那样，如果存在反复出现的问题，也许它们的不可预测性远比我们所认为的小得多。事实上，他们认为，反复出现的集群式问题（遍布他们为了自己的研究而参加的众多学位论文答辩）可以反映出一个“模板”，不仅可用于准备答辩，而且可用于撰写论文。换句话说，反复出现的问题表明了什么可以被视为学位评价的核心标准：“虽然这些问题并不总是使用相似的词语，但是它们都在寻求考生对其学位论文相似方面的解释”（特拉福德和莱什姆，2002b）。根据对这些反复出现的问题的了解，学生可以为他们的答辩制订自己的模板。这样一个模板可以并且应该基于第一章里界定的考试标准。正如特拉福德和莱什姆（2002b）所认为的那样，考官会期望以某种方式来制定出标准，并且期望学生在应答时证明他们符合自己大学的标准。因此，“标准”几乎确定无疑地指当地的标准。由于考官必须填写你就读大学的表格并遵循你就读大学的程序，他们必须使用你就读大学的标准来判断你的研究和表现。

然而，即使你确实预测到了所有可能被问到的事情，也同样存在考官行为从一开始就对你产生影响的可能性：

> 通常情况下，面试官表现出的比较突然的行为会产生更大的心理距离（psychological distance）。在“突然”条件下接受测试的参与者比在“友好”条件下接受测试的参与者有更高的“转变与整体易感性”（shift and total suggestibility）。虽然对主导问题的最初反应受到更加稳定的认知因素的影响，这些认知因素相对来说不受面试官行为的影响，但反馈后的分数可能对社会层面的易感性更加敏感。
>
> （贝恩和巴克斯特，2000：123）

这意味着问题的风格会影响你的答案。有的人会认为，贝恩和巴克斯特（2000）所说的“心理距离”适合于学位论文答辩，但不是在这种意义上——即拉大考生与他们所知之间的距离，破坏他们回答问题的信心和能力。有另外一些人说，风格在很大程度上取决于考官，这意味着考生在答辩开始之前不大可能确切知道应期待什么。第三种观点是，无论考官提问什么内容，无论他们用什么风格来提问，考生都应该用跟他们所练习过的、同样出色的方式去回答。但是，这就遗漏了贝恩和巴克斯特关于问题如何影响答案的观点。

我们真的对这些过程有充分了解吗？例如，尽管心理距离可能被认为比较适切，但它可能会增加应试者的压力。考官会考虑他们所采用的那种风格的利弊吗？例如，他们充分意识到采用“友好”风格的潜在影响了吗？比如，在答辩开始、考生进入房间时，对考生微笑并通过称呼姓名来问候（这并不是说每个人都会认为这种风格让人宽慰或者“比较友好”）。也许他们确实知道这一点，使用这样的策略来获取一种优势，控制学生的焦虑水平。非言语交际的这些方面在一些导师、学生和考官看来是微不足道的，只要它们对学生的表现不会造成不良影响，只要学生有足够的适应能力而不受非言语暗示的摆布，并且有足够的信念在争论中坚持自己的观点，即使是最“突然”的风格也不会让他们感到困惑。

尽管贝恩和巴克斯特（2000）的研究不是基于学位考试背景，但我们可以从中吸取与学位考试相关的教训：考官的行为会影响你回答他们的问题。他们的动作、语气和非言语交际似乎肯定会影响你的应对策略，特别是当你像许多人一样，在答辩中感到压力巨大甚至脆弱不堪时：

> 所有证人、受害人和嫌疑人都进入一场审讯，这场审讯具有跟当时情形有关的一般认知定势（cognitive set）。该认知定势因为审讯主题的不确定性而受到影响……这个一般认知定势要么能促进对审讯的抗拒性行为反应，要么能促进对审讯的易感性行为反应。
>
> （贝恩和巴克斯特，2000：124）

这就引出了一个关于你的“认知定势”是什么或者它是如何构成的问题。即使你觉得你没有这样的东西，你也一定有一套关于考试和考官的信念，这些信念会影响你的行为。如果你的那套信念在考试开始几分钟或者在稍后某个阶段得到确认或受到打击，你会如何反应？你能练习那样的场景吗？对于人际压力（而不仅仅是认知压力或理论压力），你会在多大程度上受到影响？你将如何练习处理这种人际压力？

这对参加答辩的学生来说有什么启发意义？尽管这里引用的研究侧重于在刑事调查背景下的目击证人可靠性，但是这项研究可以教给我们一些应试者在遭受类似压力时如何表现的知识。例如，贝恩和巴克斯特（2000）发现，负面反馈可能有两种影响：它可以让受试者改变他们之前的回答；或者，它让受试者对随后的主要问题更容易接受暗示。从这一点我们可以推断，如果你接受了答辩期间的负面反馈，这可能会产生连锁认知和/或情感效应，如自尊心下降、焦虑感增加；甚至更为复杂的是，因为发觉了你研究里的弱点而更容易受到影响。当这种反应开始时，它带来了观念的进一步转变，“让你更有可能关注外部暗示，而不是依赖你自己内心的参照系统”（贝恩和巴克斯特，2000：124）。这在某种程度上解释了我们是如何被引导着，或者让自己被引导着偏离内心参照系统的。

这是一种有趣的心理分析，尚未完全被应用于学位论文答辩，但是在这一领域进行有关研究似乎合情合理，因为它对受访者的思维过程提供了可能的见解。在与考官、导师和学生讨论时，有人认为这种材料和他们毫不相干，因为警察审讯和学生答辩之间没有可比性；其他人认为，这跟他们的学位论文答辩经历具有直接的、出乎意料的平行关系。虽然相关性问题需要进一步探讨，但对一些人来说，这能引起他们对答辩经历的强烈共鸣：

> 当应试者让步于面试官对他们提出的要求（他们觉得那是要求），试图取悦面试官并避免对抗时，就出现了依从（compliance）现象，这样他们就会在程序进行期间听从建议，改变答案，即使他们私下知道那个改变过后的答案是错误的。依从倾向还可能阻止记忆搜索和记忆提取的过程。
>
> （贝恩和巴克斯特，2000：124）

这则引言为关于答辩“一切都错得可怕”这一观点给出了理由，解释了为什么有些人在这样的环境里头脑只是变得一片空白。我们不能将学生的一言不发统统归因于答辩带来的紧张或考官的恃强凌弱，必须更加密切地关注学生避免跟首席学者对抗的愿望跟他们随后表现出来的回忆能力下降之间的关系，特别是在他们承认自己研究中的弱点之后。

这里可以做一些研究。例如，研究答辩里的真实互动，评估这些反应是否在真实互动里发生。这将会很有趣，对考官的培训也有启发意义。然而，对于正在准备答辩的学生来说，可以根据目前的知识水平继续进行大量的准备工作。确认负面反馈的潜在副作用，并制定出有理有据的答案仍然是当务之急。这表明，接收和回应负面反馈应被视为答辩练习环节必不可少的部分。

在答辩的背景下，负面反馈至少会给学生思考的养料。负面反馈会引发关于研究或论文的问题，这些问题可能是意料之中的，也可能是意料之外的。这并不是说，所有学生都会或都应该向负面反馈投降；相反，只要他们能为自己的研究进行辩护，就必须辩护。理论上，这种情况下的负面反馈旨在激发学生的批判性，让他们在面对为自己的研究进行辩护这项挑战时挺身而出。但是，如果负面反馈出乎意料，或者给出负面反馈的风格出乎意料，那么学生就必须小心翼翼地避免出现贝恩和巴克斯特（2000）研究里记录的结果。

最后，这项研究的结尾对“标准技巧”（standard technique）（贝恩和巴克斯特，2000：132）的可能性进行了思考。正如贝恩和巴克斯特指出的那样，为了让这种事情成为可能，我们必须用到现在为止还不太可能采用的方式去分析现有做法。当然，鉴于本书别处重复提到的原因，在学位考试背景下，显然不存在“标准技巧”这样的东西，也没有这种普遍共识。事实上，在“标准技巧”产生之前，还有大量的调研工作要完成。同时，学生必须时刻准备好面对高度的不可预测性。

在答辩所有意料之中和意料之外的组成部分里，假设我们很确信自己的表现合乎逻辑又合情合理，然而，在压力尤其是在人际压力下，我们可能会表现出反常行为。心理学的学生可能会发现本书的这部分内容浅显易懂，但其他人可能是第一次了解认知和行为的这些方面。那些没有学过心理学的人可能从来没有从这些方面考虑过答辩准备。你确定只需在模拟答辩中准备一点问答就可以了吗？

学位论文答辩是一种与学术权威的新型互动，会产生意想不到的反应。本节概述的这项研究为理解我们的行为、避免表现出我们的脆弱以及维护我们的“认知定势”提供了概念和原则。

我们在本节里认识到可预测性和不可预测性相互矛盾的方面之后，我们就可以具体考虑这种“审讯”的性质了。下面几个部分可以帮你确定反复出现的问题类型，而制定有效答案的策略将在下一章里介绍。

让学生放松

一些考官喜欢以私人聊天开启答辩。他们常常使用幽默的话、闲聊，或者说自己有多喜欢阅读考生的论文。他们可能会说一些跟答辩毫不相干的事情，或者在自我介绍时说一些无关紧要的内容。这样做的目的可能是让他们看起来更有人情味，减轻考生的恐惧，因为他们觉得考生会紧张。另一个策略是，向考生保证答辩期间将遵守公平标准。考官可能会做下列事情：讨论一下答辩将如何进行；介绍每个人，即使大多数人已经相互认识；介绍讨论要点的顺序，并解释谁会就论文的哪一部分进行提问。

然而，我们知道，有些考官觉得考生足够成熟（或者应该足够成熟），能够管理自己的焦虑水平。这些考官可能会觉得一定程度的紧张恰如其分且不可避免。有些考官不会花时间让你放松，甚至可能有一两个考官想看看你如何应对压力。许多人会认为这不公平，但这样的事情确实会发生。另一方面，这可能不是想让你承受压力，考官只是觉得时间紧，因为他/她可能必须赶飞机回去，或者必须在某个最后期限之前完成任务。

就像学位论文答辩的众多内容一样，考官是否会有意识地采用这些模式当中的一种，还存有疑问。因此，对于学生来说，要做好面对这两种类型考官的准备——一类是让你放松的考官，一类是直接开始考试事务的考官。无论考官做什么与说什么，你在这一阶段都要靠自己去控制你的想法和感觉。你不太可能在任何情况下都感到真正地“放松”，但你可以想办法来阻止焦虑，做更好的自己。你可以练习回应这些不同的开场白，也可以要求你的“模拟考官”在练习环节中使用一系列不同的开场形式。

闲 聊

答辩开始时可能会有一些由考官（即导师或校内评委）发起的闲聊，内容涉及会场、旅程、天气、咖啡，或者关于会议除主题之外的任何其他方面。他们这样做的目的，可能是为了让你以一种“低风险”的方式开始交谈。有些学生觉得这让人恼火，因为他们觉得可以花在讨论论文上的时间被浪费掉了。其他人则更加通达明理，或者投机取巧（这取决于你的观点），很高兴看到答辩时间被谈论这样容易的话题占用。这些非正式的讨论可能会采取向你提问的形式：你觉得在这个城镇 / 城市 / 国家的生活和工作怎么样？你遇到过某位学者吗？求学期间你在哪里生活？或者，你有机会出去看看这一带的风景吗？准备一些友好、热情或中立的答案，并练习说出来。

如果有食物供应（如烤饼），只有当你知道你有一分钟左右时间不需要发言时才能开始享用，尽管在学位论文答辩中，慷慨供应的大量烤饼本身就是一个谈话的切入点。在美国，我们称之为“饼干”；在英国，当然还可以是其他食物，也可能是一个开启聊天的话题。同样，有些人会认为，既然食物无关紧要，为什么我们还要谈论它？答案是，我们谈论它，是因为考官可能会谈论它。他们这样做，可能是为了给你一个说话的机会——只是为了检查你的声音在非常紧张时是否正常。

如何接上这样的闲聊，以及是否主动开始这样的闲聊，跟个人性格有关，或许也跟当时的形势有关。他们看上去是想还是不想让你在谈话里添点内容？跟随他们的引导，在这随意的开头几分钟里，轻松、中立并且简短地表达你要说的内容。在这种情况下，闲聊并不是闲言碎语；无论如何，对你而言都不是闲言碎语——你要避免谈起同机构和其他地方的同行或同事这样的话题。如果考官开始谈论同行，你说话时要小心谨慎；除非该讨论是纯学术性的，即讨论别人的研究，否则还是可能有风险的。积极参与这种半学术性或学术性的非正式谈话，也是一项需要练习的内容。

建立融洽的关系

建立融洽的关系通常是这类开场白、问题和闲聊的目的。这重要吗？重要的是你的研究质量，还是你和考官的社交技能？重要的是考官在你所属领域里的专业知识，还是他们开启适当闲聊和与你建立融洽关系的能力？有些人会质疑这种背景下的融洽关系是否无论如何都可以真正实现。也有人认为（可能一些考官也感觉到），在学位考试中建立融洽关系不合适，因为它可能会破坏考官的中立性，或者让考生感到困惑。考官可能意识到，需要让你自由自在地给出你选择的答案，而不会有意无意地受到他/她的反应的影响。

考官和考生之间关系的融洽程度对你来说可能并不是很重要，但紧跟这些暗示很重要。你不一定要详细说明，但在得到提示时，给出简短、积极的回应比较合适。没有必要以不耐烦或惊讶的态度回应建立融洽关系的提示或问题。表明你不愿意回答答辩时对你提出的问题（即使是建立融洽关系的这类问题）没有任何好处。毕竟，更难的问题肯定会很快接踵而至。

另一种方法是思考你能从考官如何表现、如何让你放松以及如何过渡到更加聚焦的讨论这几方面了解到关于他/她的什么信息。有经验的考官往往在这些过程中相当娴熟。虽然他们可能不会表现出赞同你的立场或者钦佩你的研究，但他们可能有相当微妙的策略，比如：直接跟你交谈，而不是仅仅跟校内评委和你的导师交谈；暂停下来给你答复的时间；给你留出思考答复的时间；或者对你的研究主题表达出个人兴趣。他们可能会用直接的眼神接触来表明他们确实在关注你正在表达的内容。当然，不同的学生会对此做出不同的反应：有些人会觉得他们确实得到了考官的关注；另一些人会因为他们与领域里一个重要人物的直接眼神接触而感到害怕，尤其是在考生不习惯使用眼神接触或者认为眼神接触不合适的情况下。无论有多么明显，这些考官的努力都有可能在考生和考官之间建立亲近关系，而不是敌对关系。这有时可以为答辩的其余部分定下一个基调（可能涉及所有的参与者）。

关于你的问题

考官可能会从这种肤浅的聊天转向似乎更加个性化的问题。他们可能会问起你的经历、教育背景、兴趣和人脉。这些问题的目的可能仍然是让你放松，从而进入一场更加深入的学术讨论，但也可能标志着从谈论其他事物过渡到谈论你的研究。

考官也可能会问起你的科研训练情况，你在就读期间是否有过教学经验，你为这个角色接受的培训，以及你是否已经开始编写一个教学作品集（莫斯和默里，2005），你是否加入了相关的专业机构，等等。

这些个人问题和专业问题，无论是为了逐渐了解你是否有资格作为这个研究领域里下一代研究人员的代表，还是仅仅作为“热身”，你都可以准备一些合适的答案。同样，要让你的答案保持中立和平衡的立场——谈论利弊、策略和障碍。如果你还没有提到那些支持或指导你的人，这可能是一个提及他们的好地方，但最好不要提及那些试图阻碍你或损害你的人（如果有人这样做的话）。

至于本章描述的所有问题，重点不单单是想知道他们“为什么要问这些问题”、试图猜测考官的目的或让你对他们的问题做出反应，更重要的是为答辩的这个阶段创建不同形式的问题，并将这些问题写下来，交给众多的“模拟考官”，以便在许多不同类型的练习环节里使用。练习这些早期的问题不会占用你和他们大量时间。

宽泛问题

宽泛问题可能让人误以为很简单，它们似乎要求一般层次上的回应，而没有明显的重点。但是，它们可能难以对付，因为它们往往更加理论化、概念化或抽象化。显然，处理宽泛问题需要练习。一个关键的技巧是避免只用一般用语回答所有这样的问题，这样不能展示出你对自己研究和论文的了解程度。

宽泛问题可以作为打开局面的简单开场白，但也可以是一系列更细问题的开始：

- 你对目前这一领域的研究有何看法?
- 请给我们总结一下你的论文好吗? 你能先总结一下论文的主要内容吗?
- 你的论文涵盖了几个领域的内容。整体上讲了什么内容?
- 你为什么觉得这种方法可行?
- 你认为谁是当今你所在领域的重要人物?
- 你的研究结果与你预期的一致吗?
- 你如何看待今后五年的研究发展?

- 总的来说，对你而言，你的论文中最有趣的内容是什么？

不要觉得一定要概括作答——要详细介绍某个特征。否则，你的答案就会太笼统，你甚至可能会在抽象里迷失方向。你可能会表达得含糊不清。在一般层面上停留太久的讨论会显得缺乏实质内容，考官可能会开始怀疑你是否真的很了解这项研究。另一方面，如果该讨论具有高度理论性或概念性，你必须认真界定你的术语，但你仍然可以使用你论文里的例证，并且提及你已经完成的研究以及别人的研究，让你的答案变得更有信服力。你可以（有些人认为"应该"）在回答每一个问题时都参考你的论文。

务必参考你的论文——要具体，给出研究的细节，还要谈论文本特定页码里的内容。选择 6 至 10 页，练习将它们转化为不同的答案以回答不同的问题。选择其中包含许多信息（比如表格、图形和矩阵）的页码，这些信息在回答问题时很可能会用到，或者你也可以用这些信息来探讨你研究中的细节问题。要准备用各种不同的宽泛问题来做这件事。宽泛问题之后，你还可以继续提出一系列更加具体或更加深入的问题。你要安排好这个顺序，并用大概 10—15 分钟时间练习回答这类问题。要制定越来越详细的答案，并练习怎样使你的回答深入到论文里的具体研究步骤和具体页码。

具体问题

具体问题常常被认为是最困难的问题，因为它们最聚焦于研究，不太具有开放性，也没有各种不同的答案。不过，一些学生觉得具体问题容易一些，因为这些问题把考生的注意力都集中在论文所涉及的内容上，从而帮助他们在所做的研究中找到答案。

随着讨论的进行，问题会集中在研究的每一个阶段，从研究问题、研究目标到研究方法，等等。讨论可以贯穿于每一章内容，从宽泛问题开始，逐步转向具体问题。这些具体问题就是你已经在每一章里或多或少回答过的问题。

文献综述部分应该回答的问题：

- 为什么这个主题很重要？
- 谁还认为这个主题重要？
- 谁以前研究过这个主题？
- 什么内容以前还没有被研究过？
- 谁做过的研究跟你所做的研究比较相似？
- 你在自己的研究中调整了什么内容？
- 你对这个领域的贡献是什么？
- 谁会用到你的材料？

对于每一章内容，你都可以列出这样的问题清单。你对这些问题的回答应该能证明你的研究和写作是否充分。

在开始考虑哪些地方有可能提出具体问题时，你要负责核查这些问题是否合适。在你的学科里，这类问题在学位论文答辩中被问到过吗？你可以在核查时参考特拉福德和莱什姆（2002b，2008），并询问同研究领域的其他人，包括你的导师和其他学生。

对于攻读专业学位的学生来说，所有这些问题都与他们相关吗？会更强调那些与专业或实践环境和知识有关的问题吗？对实证研究和文献知识的重视程度是否会降低？考官是否想要检查你对研究在实践环境中作用的认识？例如，研究对学校教师而言越来越重要，可能是教育领域专业学位答辩里的一个讨论点。考官在评估你的能力时，会更有兴趣将你评估成潜在的变革推动者而不是独立的研究者吗？这些术语或其他术语会被用于考官在你答辩时要使用的报告表吗？

无论你是否认为这些问题都跟答辩相关，无论你在攻读什么类型的学位，你都可以进行核查。我收到了学生和考官相互矛盾的反馈意见，他们参加了我的研讨会，阅读了这本书的草稿。有些人认为这些问题跟所有的学科都相关；有些人坚持认为这些问题只跟文科相关；而另一些人则认为它们只跟理科相关。我认为，这些观点对所有考生的启示是，他们应该调整这些问题以适应他们的研究内容，专业学位的学生必须检查哪些问题跟他们的答辩相关。

对于类似的半具体问题，请参阅《高等教育校外评委手册》（*Handbook for External Examiners in Higher Education*）（帕廷顿等，

1993：76—77），其中包括论文论证过程中每个阶段里的问题。下面这组问题聚焦文献综述部分：

- 综述部分在多大程度上跟本研究相关？
- 考生是否匆匆回答“这就是我知道的关于 X 的所有内容”？
- 有对其他研究进行批判性评价的证据吗？综述部分是否只是描述性的？
- 考生对技术文献或理论文献的掌握达到了什么程度？
- 考生明确地将综述内容和自己的研究设计联系起来了吗？
- 是否总结了与本研究相关的其他研究的基本特征？

本手册就论文论证过程中的其他章节或其他阶段提供了一些问题。这些问题旨在指导校外评委阅读论文，但也有助于学生预测考官的问题。帕廷顿（Partington）等人的手册没有得到广泛应用，学生可能会觉得参考皮尔斯（Pearce）（2005）、特拉福德和莱什姆（2008）的研究更有用，其中提供了答辩中已经问过以及可能会问到的问题清单。

另外，虽然考官可以逐一阅读所有的章节，但他们可能也会对章节之间的关系、你的根据或者你的决定产生疑问：

- 你的研究问题和你的假说之间有什么联系？
- 你为什么不使用其他方法？

- 你选择的方法有哪些利弊?

要预测考官会如何使用宽泛问题和具体问题是不可能的。对一些考官来说，宽泛问题只是被用来（也许是自发地）引出更加具体的问题。不管考官在问这样的问题时有什么意图，值得注意的是，你可以做出决定，对宽泛问题和具体问题都给出长而详细的答案，从而展示你的知识。如果你不给出详细答案，你就会陷入好像不了解这个领域、不了解你的研究或论文的风险。

如果考官想让你给出简短的答案，他/她会打断你，或者用其他方法告诉你这么做。换句话说，在形成答案方面，你可以发挥比你所想象的更积极的作用。你不知道他们在寻找什么样的答案，但你可以确保他们看到你对自己的研究了解多少，或者你因为这项研究而了解了多少知识。你可以把他们的问题作为提示，来展示这一点。

本节中提供的问题示例只能被视为半具体的问题。每个考生必须写出更加具体的问题，以便在练习环节里使用。当然，你可以使用本节里的宽泛问题和半具体问题作为起点（因为这可能是你的考官所做的事情），对每个问题都加上针对你那项研究的术语。否则，你就是在冒这样的风险——没有完全准备好在讨论中使用专业用语和专业概念。

> 如果是针对自己的研究，每个考生都要编写一套属于自己的问题。

开放式问题

> 真正的开放式问题允许受访者从其所有可能的答复里进行选择。
>
> （巴顿，1982：170）

开放式问题的目的可能是给考生自由，让考生以自己的方式做出回应，尽量减小考生预先设定回应的可能性。事实上，其中隐含的假设很可能是，没有预先确定好的回应，研究课题非常开放，可以被质疑、辩论或解释。

使用开放式问题的考官可能想弄清你的想法，而不是你如何看待他们的想法。例如，“你对 X 的研究有什么看法”这一问题并没有给出考官希望你如何回答的暗示。同样，对于“当你在实验 / 分析 / 采访中得到那个数据 / 结果 / 反应时，你想到了 / 做了什么”这一问题，建议你必须构建自己的答案，选择自己的方向，挑选自己的用语。这可能会相当苛刻，也可能会相当自由，取决于你的态度和能力。无论你现在或在答辩会上怎么看待这样的问题，都要记住，你仍然可以通过参考你的研究和论文进行回答。你可以参考对 X 的研究有总结或批评的具体章节甚至页码。你可以参考你最初的分析，然后添加其他任何你想说的内容，这些内容可能没有涵盖在你的论文里。例如，你对你的分析中的某一点感到惊讶，或者开始时不理解其含义，但是后来通过某种方式理解了。

考官可能会建议几种回应思路，作为选项供你回答时考虑。无论你把提供给你的这些内容看作是明确的回应备选项，还是潜在的辩论点，都值得提前思考，并练习使用。

那些将开放式问题和封闭式问题作为其部分研究方法的考生在这场“游戏”里会遥遥领先，但不妨考虑一下如何在实践中具体地将你的知识转移到考试情境里。

开放式问题有许多可能的答案，关键是你决定采用哪一种思路，然后开始谈论你的研究。不过，一些学生担心，如果他们没有从“正确”的角度来回答问题，考官会以某种方式把他们记下来。给出你的答案，阐述你的研究细节，并说上四五分钟。如果考官想让你从另一个角度来讨论这个问题，他们会请你那样做的；否则，他们会继续下一个问题。

封闭式问题

封闭式问题显然有一组固定的答案。考官可能会问你：“研究者 A 使用了方法 X 还是方法 Y ？”很明显，你必须做出选择；同样明显的是，你必须确保你的答案是正确的答案。另一方面，如果你给出的答案被认为是错误的，或者后来在讨论中你意识到是错误的，你可以对这个答案进行订正。你甚至可能想为你的错误答案做出解释——源于紧张、焦虑、普遍误解、暂时失忆、困惑不清。

考官可能也在寻求信息，例如：“你对 X 的研究了解多少？”可能有一连串这样的问题，旨在测试你对研究方法、路径或观点方面的细节知识。

跟其他形式的问题一样，你应答的出发点是你的论文。参考你论文里提出这个问题的部分，并谈论这部分内容。如果他们问的是你的论文没有涉及的内容，你可以说论文没有涵盖那部分内容，并解释原因——如果这个问题在你所在的领域里很重要，你可能已经在论文里研究过了。

封闭式问题可能需要一个更加确定的答案，但只有当你的论文里有确定的信息时，你才能给出一个确定的答案。如果你觉得你的答案不如问题要求的那样确定，你就如实相告。给出那个问题的答案（你总要回答它），同时解释说你并不想给出一个确定的答案，即使你的答案听起来非常确定，因为这个答案跟你研究里的一个具体观点有关（要对此观点进行描述、解释与证明），你的应答是针对你研究里的那个步骤的。你可能会补充说，还有其他方法来处理这个问题（你在论文第 X 节里已经论证过），也许现在就要谈一下这个问题，但一定要说出这个问题具体在哪里，表明你知道论文的每一部分内容都在哪个地方。这并不是说你必须知道每个要点都在哪里，或者记住每一页上的内容，但是你可以记住一些关键的页码，其中包含关键信息、方法中的新步骤或可供讨论的潜在问题。

这种方法表明，尽管你要对考官的封闭式问题提供一个尽可能直接的答案，你还是可以给出更加开放的（即不太确定的）答案，并且介绍其他观点和信息。你可以决定什么时候这样做合适，什么时候这样做不合适，并且把这个策略运用于练习环节。

做总结

我们都知道做总结的意思是什么。但你不知道的是，如果考官已经明确要求你做一个总结，他/她希望你对论文的口头总结持续多长时间。

一个重要的技巧是能够简明地总结要点，并在每一个要点那里插入说明性或例示性的细节；如果可以的话，可以将一般性的概括论述与具体细节结合起来。当你给出总结时，应该像是特意从一般到具体再到一般——你陈述完一章的要点，然后陈述一两个细节，接着陈述下一章的要点，然后是那一章的一两个细节。

为了让你的口头总结听起来比较连贯，也为了让论文内部的连贯性明确地表示出来，要使用连接词，例如："这一点可以由……来说明""这表明了……""第四章通过……建立在第三章的基础之上""我在下一章进一步论证了这个观点，其中我……"。练习在语句的开头加入这些连接词语，并且花四五分钟来总结你的论文。不要遗漏任何关键步骤，包括理由、目标、方法、发现/结果、贡献和影响。不要觉得对研究做出的口头解释必须比在论文里的解释更好（如果论文中的解释看上去陈旧而薄弱，就不要说出来）。

要做出决定：你的口头总结要采用论文摘要里可能已经用过的研究叙事结构，还是论文总结里可能已经用过的逐章总结。

不要担心你是在总结那些你知道考官很明白、并且已经在你的论文里陈述得很透彻的要点。不要觉得你必须使用不同的词语，而不是重复你在论文里所说的内容。一定要重复你在论文里所说的内容，这就是这种考试的主题。通过谈论考官最近（在你的论文里）阅读过的材料，你达到了答辩的一个关键目的——证明是你自己做的这项研究，并且是你自己写的这篇论文。实际上，这可能是这个总结问题的主要目的，即在“是否由本人完成研究和论文”的方框里打上对钩。

考官可能会（也可能不会）精确说明他们要求的细节层次。从总结的时间长短、细节的层次以及包括哪些细节这几方面来决定如何“做总结”，可能都取决于你。你可以决定不详述每一章，而是专注于一两章。练习做两到三种不同类型的总结，看看你喜欢哪一种。尽量不要背诵那个总结（听起来好像你已经背下来了似的），考官更有可能想倾听你的想法，测试你的知识而非记忆。

做总结看似简单，但很容易陷入总结的某一部分，在开始时过于关注细节而不能涵盖整个主题。一般来讲，总结需要我们具有概括性。

最重要的是，当你结束总结时，一定要回到研究目的或研究问题上来。要使用这样的表述：“这项研究实现了所有的目标 / 回答了研究问题……（做出解释）。”

简单问题

对于任何一篇学位论文，都会有关于无争议主题的简单问题，即相对直截了当的问题。每个学生都应该预料到这些问题可能是什么。写一份关于这类问题的清单。

对于每个考生来说，什么算是简单问题可能有所不同，这或许取决于研究的性质。一些学生最初说，没有像简单的答辩问题之类的事情，但他们通常会想出一些他们认为不那么具有挑战性的问题。

一些早期的问题（如本章前面涉及的问题）相对容易，但你可以提炼出一些更加针对你的研究项目和论文的问题。

写下一些简单问题，在不那么可怕的前期练习环节里使用。当然，接下来应该是面对困难问题的环节。

困难问题

所有学生都有一个他们害怕的问题，这可能是因为他们对自己研究的领域不太确定，或者因为他们认为考官对这一领域见多识广，从而让他们的答案显得不够充分。无论这些问题所呈现出来的“困难”性质或“困难”层次如何，同样非常重要的是，你要写下两到三个困难问题并练习回答。不要指望第一次就能得到满意的效果，务必重复练习，直到你觉得自己的答案越来越称心如意。

要搞清楚你的那组“困难”问题是什么。是因为你对那个领域了解较少吗？还是你最近没读过关于那方面的材料？你对自己使用术语的方式不够自信吗？你是否担心当天不能记住细节，不能回答简单的事实性问题？是因为以前你有过在诸如大会之类的场合里给出了不太充分答案的经历，因此担心在答辩时会做出同样的事情吗？你可以在练习环节处理好所有这些问题。写下简单问题和困难问题，然后立即跟其他学生一起练习，这已经被成功运用于答辩研讨会的实践。没有机会参加此类研讨会的学生仍然可以跟同事、同学和朋友进行这种练习。

长问题

有时问题太长，导致你不确定考官究竟在问什么。这种情况可能发生在会议发言之后的问答环节里，考官似乎不是真的在问问题，而是在说一篇“迷你论文”。

在答辩时，你要确保知道自己被问了什么问题。当然，通常你可以向考官澄清或核查他/她在问什么，但你不想对每一个问题都那样做。如果你一直问“问题是什么”，你就显得不是很能胜任答辩了。相反，你必须决定如何处理这个问题，直接表达出来，然后开始谈论你的研究。至少，你可以取得主动权，解决你认为是其中一部分的问题。

在考官提出长问题时做笔记，可以帮助你弄清楚问题是关于什么内容的，以及要如何解决该问题。但是，有时一个长问题只是一段很长的陈述，最后附有一个问题，所以认真倾听非常重要。如果你的焦虑程度随着考官所说的每一个字越来越高，就很难做到。此时，做笔记可能会有用，它让你有事可做，而且你可以用你的笔记来勾勒你的答案。不过，不要试图写下问题里的每一个字词。

处理长问题，以笔记形式写下来，倾听长问题结束时的焦点，当然，还有回答这些问题，显然是你在答辩之前可以练好的技能。

“第二次机会”问题

如果你对一个问题给出了一个糟糕的答案，你会发现，你会被再次问到这个问题，或者被要求用不同方式再次讨论这个主题。因此，考官并不一定是要通过突出你的错误来让你觉得难堪；相反，他 / 她可能是在给你第二次机会。

考官可能会问一系列跟你研究里的重要方面紧密相关的问题，但也可能是关于你研究中某一方面的问题，考官甚至好像在重复自己问过的问题。然而，这可能意味着他们想要你给出比之前的回答更加具体的答案。换句话说，他们似乎会问同一个问题两次或两次以上，提示你给他们更多的细节。不要担心这种情况，尤其是在答辩期间。即使你没能提供细节也不要紧，他们可能会直接请你说出更多的细节。

考官不会说“这是你的第二次机会”，但他们可能会使用这些策略或其他策略，找到一种方式来回到你在讨论中早前提到的观点。他们常常会说“我想回到你之前提出的那个观点”，或者“我想从不同的角度来分析这一点”。

方法论问题

关于方法论（methodology）和方法，关于你使用的和没有使用的方法，以及为什么使用或不使用这些方法，肯定会催生很多问题。例如，《高等教育校外评委手册》（帕廷顿等，1993：76—77）列出了一些被认为是在任何学科中都可能以某种形式出现的普遍问题：

关于方法论的问题

- 对可能的偏见来源，采取了什么预防措施？
- 这个设计有哪些局限？考生意识到这些局限了吗？
- 用于数据收集的方法合适吗？
- 用于数据分析的技术合适吗？
- 在这种情况下，选择了最佳设计吗？

- 考生为所使用的设计提供了充分的理由吗?

当然，有可能将这些普遍性问题变成针对你那项研究的具体问题：

- 把你研究里的步骤凝练成一系列语句进行总结："第一步是……然后……最后一步是……。"
- 使用"步骤"或者其他词语来组织你的答案。
- 但是，如果考官不使用"步骤"这个词语呢?这就是为什么不止一次地练习是一个好主意。因为有不止一种类型的问题，有不止一种的方式来提问，然后你练习了不止一种回答问题的方法。

关于在学位论文答辩中反复出现的方法论问题，请参阅特拉福德和莱什姆（2002b：41，2008）：

- 是什么让你选择了……这些模型?
- 你的框架有哪些理论组成部分?
- 你是如何决定将那些变量纳入你的概念框架的?
- 概念是如何帮助你设想并解释你想要调研的内容的?
- 你是如何使用你的概念框架来设计你的研究并分析你的结果的?

可能会有一些关于你没有做什么的问题，需要你重新审视早期的决定。有一些关于方法论和谈话顺序的“固定套路”，使你可以自如地以这些形式（或其他形式）解决这些（或其他）问题。

当你思考这些问题时，可能会觉得自己比以前更有优势；你现在所知道的东西比学术生涯开始时要多得多。当然，你仍然应该为你的数据质量或分析质量辩论，但你也可以对其进行批评。要通过提名其他做过类似研究的研究者来评价一些观点。要向考官展示你对别人的这项研究及其方法论有多了解——这意味着需要花一些时间来讨论这项别人的研究。判定一下做这件事情实际需要花费多少时间。一定要在答辩的某些时候花更多时间来谈论你的研究。考官希望看到你没有过于狭隘地专注于方法论，在方法论上没有接受过于狭隘的教育。

在一些学科中，方法论问题可能更多的是检验你分析或批评的框架。如果你在写作时只是有一个部分完善的框架，你就需要在答辩讨论时更明确地说明你的分析方法（如果你被要求这样做的话）。但是，请记住，还是要从你之前所做的研究开始，回顾一下当时这么做的理由（这个理由似乎完美无瑕），再根据你最近的理解来批评自己的研究或写作。例如，你可能混淆了研究设计和研究程序，你可以通过在答辩期间梳理这两部分来展示你的新知识。这并不是说你应该把你的研究描述成“混乱”的状态；如果考官没有将你的研究描绘为“混乱”，你当然可以用你在论文的论证过程中用来定义和辩护的相同术语，将你的研究界定为介于合格与优秀之间的某个层次。你可以用这次讨论来展示你在理解研究要求这方面的进展。

最后，你可能没有在你的文本里对你选择的方法论提供足够的批评。无论你在这一点上做得是否很好，还是根本没做，考官都可能会在答辩时提示你批评自己使用的方法。这并不是说他/她在试图发现你的薄弱之处；相反，其意图是促使你详述这种方法的利弊，对你来说，可能是对其弊端的一种新的强调。这样做的目的不是暴露你研究中的弱点，而是检验你当前理解的深度。

鉴于会有很多关于你的研究和论文中这一部分的问题，你应该优先考虑专门针对这些问题的练习环节。

有关写作的问题

你论文里的每一章都可以为答辩提供问题，促使你重新审视写作时所做的一些决定。把写作视为一系列的成就和小故事来谈论，其中的每一项都教给你一些有关研究的东西，并且/或者都记录了一些重要事项。让写作的故事成为一个由连贯的写作决策和写作时刻组成的过程，展示你是如何遵照导师反馈采取行动的。显然，你会以这种方式谈论你的研究，考虑用同样方式来描述你的写作过程大概也是合情合理的。

要展示出你明白学术写作是一个过程，包括精心设计、对话、反馈、惯例以及许许多多的修订。要透露出你是如何管理这个复杂过程里的一系列步骤的，其目的是要给人一种印象，即你已经学会了如何管理这个过程，并且能够在没有监督的情况下再次这么做，但你也认识到了反馈意见对写作的重要性。

如果你有发表的作品，一定要想办法将其引入讨论。你可以对你收到的同行评审意见进行评论。如果你有计划提交的论文或者等待决定意见的会议摘要，也要提及它们。虽然这种考试聚焦于你的学位论文，但你不应该觉得你不能谈论其他作品，尤其是在发表的作品标志着研究的质量和影响的情况下。

你也可能通过写作来学习。如果是这样的话，只要你能确定自己的意思，不要害怕如实相告；同时，为了说明你的观点，要举出一个例子。

虽然有关写作的问题似乎不像有关研究的问题那么重要，但考生应该注意，有证据表明，关于书面文本的某些问题会反复出现，考生在准备考试时要有一些核心考虑因素：

- 你的论文文本是否足够清晰，有完全明确的意图?
- 你的读者将会在哪里看到并认识到你的论文在学位方面的价值?
- 你是如何提出发展中的主题和问题的，这样考官就不会忽视或误解你论文中更加复杂的那些方面?
- 读者如何认识到你的文本的学术基础（特拉福德和莱什姆，2002b：39）?

这些问题可能明确要求你谈论你的论文文本。可能还有一些问题，它们好像是关于你的论证，但实际上是关于你的研究方法。例如，可能会有关于数据或数据分析与结论之间的匹配问题：你的结论是从你的数据或数据分析中得出的吗？或者，你的结论有你的数据或数据分析的支持吗？最终，可能很难将有关研究的决定跟有关写作的决定区分开来。如果可能的话，要用提问时使用的词语来回答考官的问题；如果有疑问，如果你不确定他们提问的是关于哪方面的问题，就都做出回答（约 5—10 分钟）。

非常具体的问题可能会聚焦于某一页上你说的原话及其确切含义。你面临的挑战是如何记住你的意思，如果你不能记住那个意思，就要考虑如何把你想要表达的说清楚，并掩饰你对自己写作的不了解。另一方面，很可能你在论文的某个地方陈述了一件不太清楚的事情，或者对某一点夸大其词，或者引发了一个小论证，然后没有充分推进（虽然当时你认为论证充分），你仍然可以为这种情况辩护。

答辩可能是一次机会，来更正你前一段时间所写的内容，或者更加充分地推进你写的东西。不过，可能你的论文论证已经很充分了。重申你在论文里提出的论点，只有这样做之后，你才可以谈论其他的进展。记住，你的角色是捍卫你所做的事情，这意味着谈论你在论文里所写的“辩护”，但并不意味着你必须在答辩时想出一种更加有力的辩护。

另一种策略是，花几分钟时间来解释论文的另一部分是如何更进一步完善你的观点的，并且可以回答考官的问题。

最后，你总是有可能宁愿删除论文里提出的一个观点，也不愿去完善这个观点；即使是这样，你也应该清楚为什么要这样做，以及要在哪里这样做。但是，你恐怕不想在答辩期间开始编辑或删减，因为你在答辩中的任务是为你论文里所写的内容进行辩护，即使这样做很困难。这可能需要练习才能做得更好。

刨根问底

答辩问题的一个模式是诸如“告诉我……”“为什么……”“你为什么不……”一类问题的各种变化形式。考官不仅是在审视你的想法，而且要确定你是否核查了你的想法。即使你已经在论文里彻底涵盖了你的全部想法，你也必须要在答辩答案里重新审视并同样彻底地阐述你的想法。

有一些问题会追问你对研究程序里的研究设计不得不做出的妥协，比如：“你在多大程度上觉得你已经获取了那种观点所需要的一切……还是你觉得受到了时间的限制？”这个问题不是为了逼迫你揭露研究里的薄弱之处，而是为了检验你对什么是合理妥协、什么不是合理妥协的理解。合理妥协是一种符合学生研究所需标准的妥协。换句话说，最好的答案可能不是简单地说“我没有时间了”或者“时间的限制导致了项目仅限于……”。是的，你可以这么说，但就像你在论文里所做的那样，你也应该为你做的事情和没做的事情说明学术理据。如果你只是说这个项目受到了时间的限制，你就无法显示出自己知道什么是有效的、重点突出的、可行的项目（即你在有限时间里设计和完成的项目）。

刨根问底也可能是为了找到你的知识边界。考官的问题可能会在你了解不深的领域检验你的知识，他们可能希望你承认自己的知识是有限的。然而，这不是你对这类提问的首选答案。至于其他类型的问题，你应该用刨根问底式的问题作为谈论自己研究的一个机会。

咄咄逼人的问题

考官可能会咄咄逼人的原因有以下几个：

- 他们有一种咄咄逼人的说话风格。
- 他们感到焦虑、兴奋、急躁或是紧张。
- 他们认为这是合适的行为，以检验你应对这种提问风格的能力。
- 他们因新担任这个角色或担心与上级同行的关系而缺乏安全感。
- 他们对你的论文有所担忧（虽然这不是攻击行为的借口）。

- 他们选择“责问”你，让你承受压力，因为对少数考官（希望只是少数）来说，你的答辩是他们展示权力的机会。

从考生角度来看，咄咄逼人的问题会令人不安，特别是有其他迹象表明考官不高兴的时候，即便考生不知道是什么导致了这一点：

> 就在那天，我走进去的那一刻就知道自己会失败。提问偏离了主题，而且咄咄逼人。一位考官试图不遗余力地朝我抛来一些直截了当的问题，但显然他们不高兴。
>
> （韦克福德，2002：35）

显然，韦克福德（2002）的研究表明，确实存在咄咄逼人的提问。尽管他对文中概述的事件没有提供足够多的细节，也没有提供涉事双方的说法（这是基于经历而进行研究的一种局限性）。不过，他的材料应该促使我们思考，对考官来说，什么是合适及不合适的行为，尤其在糟糕的经历可能会对学生产生长期影响的情况下：

> 我发现整个答辩经历极其痛苦，极具摧毁性。事实上，几乎三年之后，我仍然认为那是一场噩梦。我知道我在那里是为我的研究辩护，但我真的感觉受到了攻击。其中一位考官特别指出，那项研究没有正确的理论基础，而

且研究有缺陷。关于我研究的每一个方面，她能批评的都批评了。坐在那里，我知道自己败得很惨，而且假设我可以重新提交，至少还有一年或者更多的研究工作要做。我的世界感觉好像要崩塌了。

（洛曼斯基和杰克逊，2004：30）

这个学生很震惊地发现，她已经通过了。

虽然批评学生的回答不太合适，但这个事例确实提出了一个问题，供那些准备进行答辩的人考虑，即刨根问底式批评（是正当的）和破坏式批评（不能说是错的，至少缺乏同情）之间的区别。在对你的论文进行审查时，如何区分批判性问题与破坏性问题？对于你的研究，咄咄逼人的问题究竟会以什么形式出现？

有人会说，你只需要忍受就可以了；另一些人认为，你需要针锋相对；第三种方法是继续保持你的出色表现，展示出你的专业性，而不管考官表现如何。

后续问题

任何论文都有考官想从多个角度探讨的核心部分或核心问题，这很正常，也可能很有趣。这并不一定意味着考官担忧某件事情；相反，这意味着他们关注一个重点领域，这往往是他们期望你未来能够发展成出版作品的领域。不过，如果你觉得在你的研究和论文里，他们认为的“重点领域”不是你认为的“重点领域”，那么你可能会想准备一些改变讨论方向的方法并加以练习；或者，你会遵照考官的提示，谈论他们认为的重点领域。

考官可以通过反思你所说的内容来转向后续问题。这对考生来说有时听起来就像是一种质疑，好像考官真的在问“你真的想这么说吗”，他们实际上是想表达“所以，你说的是……”。他们对这一点答案是肯定的，但你也可以把这个问题用作扩展答案的邀请或机会，这可能正是这个问题的目的；如果不是，考官很可能会要求你继续论述。

有时，追问是为了给考生一次机会，来澄清他/她所说的内容。或者说，你可能有机会发掘出更多细节，讲述得更加具体。如果考官对你的答案做出沉默反应，或许你应该把这当作继续完善答案的暗示，进而在借鉴和参考论文的基础上，提供比你最初认为所需要的更多的细节。

这个过程可能是自然而然的：考官可能对后续问题有自己的计划或安排，但可能由于你说了某一件事情而搁置下来——因为他/她想探讨这件事情。这样，后续问题可能就基于你的回答而出现了。

因此，请一个人问你后续问题也许值得练习，可以说，这些问题取自你的答案。重要的是，你要有某种时刻下的经验，即当你认为你已经给出了一个足够详尽的答案，但迎来了另外两三个问题；

或者当你觉得你已经回答了考官的问题，但收到的不是反馈，而是沉默。你不能让自己在这样的时刻不知所措，如果你通过练习经历了这样的时刻，并且为此做好了准备，你就不会不知所措。

综合性问题

并不是所有的问题都因为只有一部分而变得很简单。许多问题会很复杂，包含两个或更多的部分，这些问题里面也许有两个或更多的问题。

例如，考官可能会问你："你能总结一下使用这种方法可能会导致的结果吗？"这个问题似乎是一个总结性的问题，实际上是关于因果关系的。重要的是，在尝试回答之前提醒自己，你已经在论文里证明了这一点，或者也许你可以对这一点进行扩展延伸，超越自己的研究。发言的时候分清这两部分，先谈论你那项研究，然后是对未来研究的思考。你的论文是考官的起点，是其提出问题的起点，同时是你的起点，也是答案的起点。

回答具体的综合性问题比较复杂，单独一个总结是回答不了的。但重要的是，要确保你确实进行了总结。在通过展示你的严谨思维和准确判断来完成准备工作并"对一些观点进行评价"之前，不要直接回答那个问题中明显比较复杂的部分。要花时间对你的术语进行界定，举例说明你的观点，最后转移话题，谈谈这项研究将

“通向”何方。

此外，可能会有系列式的问题，考官借以更深入地考察你的研究以及你对这些问题的答案。有证据表明，这种“集群”现象出现在许多学科中（特拉福德和莱什姆，2008）。

系列式问题可以用来探讨你对自己研究中不同领域之间联系的理解。这些问题会将你论文里的不同部分连接起来，因为它们考查的是方法和概念之间的联系，或者目标和贡献之间的联系。这些问题的答案都在你的论文里，但尽管如此，考官还是会探寻那些答案并进行追问，以检查你是否理解你所写的内容。

浅显的问题

如果你觉得被问到的一些问题比较肤浅，或者你在陈述浅显的问题，你仍然可以发掘出有深度的答案。要尊重简单的问题，给出详尽的答案。如果你觉得有必要，给出一个似乎比考官想要的更详尽的答案。

记住，既然你对自己的研究以及别人的研究那么熟悉，那么对你来说似乎很明显的内容仍然可能是一个测试问题，测试你是否实际上像你的论文所表明的那样知识渊博。请放心，提问关于第一原理的问题（无论这在你那个学科里意味着什么）不是要侮辱你的智力，而是要测试你对自己的研究（也许还有其他研究，如果你想通过展示那些知识来获得更多分数的话）所依据的基本原理的理解。

不过，如果你因为问题没有触及你研究的“重点”而感到不公平，你就要想办法把你那项研究的亮点嵌入答案里。这并不是说你应该忽略一个你觉得有局限性的问题，而是你应该把这个问题跟你的研究联系起来，深入谈论你的研究，最后明确回答这个问题。

热衷的话题：“爱马”

如果你在英语字典里查“hobby horse”（“爱马”），你会发现有好几种解释，这几种解释都不是这节里我要表达的意思。相反，这个词语用在这里，是表示一些考官有他们最喜欢提问的问题、最喜欢的学位论文答辩仪式和最喜欢的答辩讨论话题。有些人执着于某些方法或话题，如果你的研究跟他们最喜欢的话题有关，你们可能会有一场非常引人入胜的交谈；如果无关，你可能会觉得那场讨论没有聚焦于你所做的研究上。

你能明白其中的道理：如果一个考官已经开发了一套经过试验和测试的答辩问题，并且这些问题激发了讨论，引导考生形成答案，那么这个考官就很可能会认为这些问题非常有效，并会再次使用。这本身并不存在问题。你可能会觉得向考官热衷问题的过渡有点突兀，但你的职责仍然是一样的——回答问题。

如果考官偏离主题，就自己最喜欢的主题来一场独白，不要担心，这并不意味着他们对你的研究不感兴趣。如果他们独白的时间太长（你认为多长时间是太长？），或者考官随即进入一场他们自己之间的谈话，好像把你踢了出去，你就需要使用口头表达来介入。

考官自己的想法、专注的事物和思维方式会不可避免地影响他们在你的答辩里发挥作用的方式。有些人会尽量保持中立，让他们的“爱马”处于控制之中，但其他人会让它们自由奔跑，看看他们的“爱马”会带你去到哪里，他们对这一点思想开明、充满创意、兴趣盎然。他们可能很好奇，看看你是否能把这匹“爱马”带入畜栏。你可能觉得，你的项目在跟他们的宠物进行某种比赛，或许你不应该卷入这场比赛，如果这个比喻恰当的话。

当然，你可能已经训练出了自己的“爱马”，但是答辩也许不是遛马的地方。

“蓝天”式问题

“蓝天”式问题是一种探索性、开放性的问题，不一定与当前的研究原则或方案有关，也不一定是为了产生固定的结果。

“蓝天式研究”意味着超越现实世界的应用，也许没有现实世界的应用。该词语经常被用来界定没有目标的研究。词语“纯粹的研究”有时被用来指同一件事情。许多研究都是由要求有特定成果的特定资金流驱动的，在这样的一个时代，这类“由好奇心驱动”的研究已经被推到了幕后，至于这种趋势是否会产生最出色的想法和最重要的突破仍存在争议。

因此，你可能没有过多考虑“蓝天式”思维，而且它可能不会出现在你的答辩中。但是，如果考官确实想了解你的想法，或者想检查你是否理解这个研究议程可能涉及的内容，花几分钟时间思考这在你的研究背景下可能意味着什么也未尝不可。这不太可能在你的答辩中占用很多时间。

“50 万美元”的问题

一位考官告诉我，他问了他所有的考生以下这个问题：如果你有 50 万美元、欧元、英镑或其他币种，你会把它花在什么上面？答案显然不是“托斯卡纳大区（Tuscany，位于意大利）的答辩”。如果你有这笔钱继续你那项研究，你会做什么？当然，这个问题背后的理念是促使你超越你那项研究的范围，同时展示你对下列问题的理解：

- 接下来应该做什么？
- 对于这笔钱，可以用来做什么？
- 这笔钱将如何被精细地（或粗略地）花掉？

一方面，这是“你认为未来十年的研究方向在哪里”这一问题的一种变体形式；另一方面，这似乎需要一个重点更加突出、内容更加具体的答案。

有些学科的学生很清楚研究成本是如何计算的，其他学科的学生则不太清楚。对于自己所在领域的研究应该如何从不止一个可能的方向展开，每个学生都必须有一个粗略的想法，同时应该将这个粗略的想法变得更加具体一些，以便为这类讨论做好准备。仅仅有一个粗略的想法可能是不够的。

此外，考官还可能一直在试着衡量你对研究所涉及的内容，以及如何在没有督导的情况下设计研究项目是否有一个实事求是的判断。换句话说，这是对“考生能否独立进行研究”这一评价标准的测试。

无论考官的问题有什么意图或形式，最好都要有概括答案和具体答案。理想的答案应该是小型论证，而不是“购物清单”式的关于“应该”做什么的陈述。小型提案要包括拟议研究的理由（为什么需要这样做）、研究的目的、使用的方法、可行性、结果或可交付的成果、预期的反驳，等等。你可以练习给出这种类型的答案，考虑两分钟的简短答案或五分钟的详细答案。同往常一样，要记得从你在论文结论里所写的相关内容谈起。

有关传播策略和传播计划的问题

有许多不同的方法来传播你的研究，可能你已经开始使用了其中的大部分或全部方法。如果在答辩中被问到这一点，当你开始回答时，可以先解释一下到目前为止你所做的传播工作，然后转移到未来的传播策略上。关于社交媒体理论和实践，请参阅布伦斯（Bruns）和雅各布斯（Jacobs）（2006）、迪安（Dean）（2010）、莫利特（Mollett）等（2011）以及米诺查（Minocha）和彼得（Petre）（2012）的著作。

虽然传播策略在学科之间会有所不同，但可以将下面的清单当作一套提示：

- 在学术期刊和其他期刊上发表。
- 会议、研讨会和专门性会议。
- 报纸、电视和广播。
- 社交媒体：博客、播客、推特和网站。
- 学术领域之外的参与者。
- 针对研究资金的提案。

为了提高可信度，你的传播计划应该设立时间表，包括同行评审周期。在某些领域里，从研究项目的设计阶段到整个过程中，与各种用户和利益相关者沟通的规划都必不可少。如果你是这些领域里的一员，你的传播计划和未来研究计划都应体现这一点。

反复出现的问题

特拉福德和莱什姆（2008：22）发现了他们所说的“通用集群”（generic clusters）问题，这些问题代表了最有可能在学位论文答辩中被提出的核心问题。他们把以下的问题界定为“12 个关键问题”（原文第 194 页）：

- 开场问题——你为什么选择这个题目来申请该学位?
- 概念化的问题——你是如何构建你的概念框架的?
- 研究设计的路径——你是如何设计你的研究的?
- 研究的方法论——你如何证明你选择的方法论是正确的?
- 研究方法——你为什么决定用这种方法作为你的主要工具?
- 抽样 / 数据的收集——你是如何选择调查对象 / 材料 / 数据范围的?
- 概念性结论——你是如何得出概念性结论的?
- 研究的基本原理——你那项研究的结果具有多大的普遍性？为什么?
- 对知识的贡献——你对知识的贡献是什么?
- 对研究的批判或反思——我们希望你替我们评判你的论文。

- 获得学位之后的问题——你在获得学位之后打算做什么?
- 最后——关于你的论文，如果你有什么事情在答辩时没来得及说，现在可以告诉我们吗?

无论你或你的导师是否意识到以这种形式或措辞出现的问题，这些问题都是在各种答辩场合中反复出现的主题。

重新包装的问题

这并不意味着答辩时要修订考官的问题；相反，这意味着考虑用不同的方式提出问题，在你的答辩练习环节使用不同的形式。如果你练习回答了各种不同形式的问题，那么当一个问题的提问方式跟你期望和练习的方式不同时，你就不太可能感到惊讶。

例如，考官可能会用不同的方式请你描述你的贡献：

- 解释你的研究有什么新意。
- 告诉我你的研究和 X 的研究有什么不同。
- 你什么时候意识到你对某件事情有了头绪?
- 你认为你的贡献是什么?
- 谁最有可能赞同你?
- 谁最有可能不赞同你?

- 你期望你那项研究的创新之处能保持多久?
- 你认为你的研究会影响别人吗?

对于这样一个重要的标准，考官可能会使用几个问题或几次提示来考察。练习回答这个重要问题的另一种方法，是使用长问题和短问题结合来进行练习，因为有时考官可能会提出比上面所列形式长得多的问题。

所有学生都必须对这类“贡献”问题准备一个答案；同样重要的是，不要等到被明确问到这个问题时才使用这个词语，而要不时地在答案的某个地方使用它。

理解考官的问题

在有压力的情况下，有些人发现自己甚至很难理解被提问的内容，更不用说理解使用的是哪类问题了。这可能是因为他们深深陷进自己的思考方式里，当有人从另一个参照系统向他们询问这项研究时，他们就好像听不懂了，至少当时听不懂。这就是要跟一个会以不同形式向你提问的人一起练习的另一个原因。你可以学会如何顺利度过那一刻的惊讶或不理解，而仍然给出优秀的答案。

一旦确定考官是谁，就努力预测他们会如何提问，这一点可能很难做到，因为任何考官在任何情况下都可能使用多种形式的问题。另一方面，通过跟你所属学科里具有更多学位论文答辩经验的其他人讨论，你可以确认反复出现的问题。同样，明智的选择是练习使用这些问题，并请正在跟你练习的人变换问题的形式。

如果在答辩时发现自己不理解考官的问题，你一般都可以如实相告，并要求考官重复那个问题；但是，你大概不想过于频繁地那样做。把考官的问题写下来（参阅下一章里的“做笔记”）是将你的注意力集中在所问内容上的一种方法，你的笔记还能在你写问题的时候触发潜在的答案。

聆听考官的问题

为了理解考官的问题，你必须聆听。你也可以使用非言语行为（如点头）表明你正在认真聆听。当考官发言时，你必须保持这种层次的专注达 90 分钟或更长时间。

为了练习这一点，可以请同行向你提问长而复杂的问题，其中包括陈述和问题，这样你就必须努力聆听这种谈论研究的方式了：

- 他们到底在问我什么？
- 问题到底是什么？
- 这个问题跟我的研究有什么关系？
- 我在论文的哪个地方谈过这一点？

如果你能挑出考官问题里的关键词并写下来，你就有办法来确保你回答问题时用到这些关键词。

"学位性"

> 你当时是用什么指导方针来起草你的研究计划，以明确反映出当下流行的有关学位性的观念？你是如何在论文里以明显的方式展示学位性的？
>
> （特拉福德和莱什姆，2002b：37）

尽管"学位性"对一些学生、考官和导师来说，似乎是一个奇怪甚至崭新的词语，但在这里使用该词语，引出了一种特殊类型的问题，可以使学生认真考虑他们在论文里的哪些地方明确遵循了学位评价标准，其中既包括通用标准，也包括通用标准在所在机构里呈现的具体形式。其他条款和标准将适用于其他级别的研究，可能也适用于其他机构。因此，任何关于学位性的问题都应该促使你考虑获奖标准，而这将促使你在结论里讲述有关贡献的论点。

"学位性"的各个方面包括研究设计、陈述、连贯的论证、写作质量，一种由设计、结果和结论三方达成的"契合"，以及初始阶段和最终阶段的背景研究。"学位性"还包括对你的研究和论文以及过程和产品的评判。

如果你所在的机构或学科规定了学位性的其他特征，那你就应该准备标示出论文的哪些地方为这些特征提供了证据，然后在你的讨论能力范围内对这些特征进行论证。

你可能会被问到："你认为自己是如何培养学位性的（即与学位性相关联的品质是什么）？""你是如何了解这些品质，进而培养达到更高层次的能力的？"你可能需要为论文的学位性辩护，即使你没有使用"学位性"这个词语，你也很可能已经在论文里辩护过。（有关学位性的进一步讨论，请参阅特拉福德和莱什姆，2008：第三章中的有关内容。）

无论你认为是否需要谈论当地通用的学位评价标准，人们普遍认为，有一个标准是学位考试的一个重要讨论主题，那就是原创性。

有关原创性的问题

- 你的研究有哪些原创内容？
- 你认为在你的研究中，最具原创性的方面是什么？
- 是什么让你的研究有别于他人的研究？
- 你认为你做出了哪些真正新颖的成果？

准备好回答这个以各种形式出现的问题。你会在论文的某个地方已经处理过这个问题，所以就从那里提出的观点开始回答。现在，你必须在答辩时为你在论文里提出的观点进行口头辩论。

此外，在你回过头来看论文时，你会发现，你想要提出的观点可能会多于或少于你在论文导言或结论里所提出的观点。你那项研究可能已经得到了最近出版作品的确认，或受到了最近出版作品的质疑。向考官证明你已经阅读了这些出版作品，而且要理解它们是如何跟你的研究关联起来的。

如果“原创性”这个词语没有出现，那就要靠你来保证它被提及、被辩论，或者至少被感知。

专业化问题

……取得学位过程的关键组成部分具有普遍性。

（特拉福德和莱什姆，2008：7）

研究表明，虽然每一次答辩都是“不可重复且独一无二”的（这取决于每个参加答辩的特定小组采用的方法、做出的行为以及进行的互动），但有证据表明，所提问题的形式和功能都体现出一定的模式（特拉福德和莱什姆，2008：7）。

本章所涵盖的很多问题都有可能在答辩里出现，也许恰好采用了这里的措辞形式。另外，有一些问题会使用学科专业化语言。无论如何，你都可以用学科专业化语言编写一些样题，重点讨论考查你研究里的具体细节。

- 你所说的（理论方法）是什么意思?
- 对（专业术语）的发现是如何产生的?
- 描述你使用（专业术语）的过程。
- 这类（专业术语）的使用对这种类型的研究有什么好处?

有些问题会比这些问题更具体和更长。

在练习环节使用普遍的问题和半具体的问题很重要，但是你还应该把其中一些问题转换成你所属学科在讨论学术和研究时通常使用的，而且很有可能在答辩时使用的格式和措辞。这些问题可能就来源于你修改论文时跟导师和其他人的讨论。

“你有什么想问我们的吗？”

考官在已经问完所有想问的问题之后，往往会问你一个问题：“你有什么问题要问我们吗？”此时，有几类问题你可以询问：

- 询问你是否可以展开说明之前的一个答案，以便进一步推进你的观点。
- 询问考官对论文内容出版可能性的看法。

- 如果你觉得你没有论述一个你认为很重要的主题，或者没有对其进行足够深入的论证，询问你现在能否谈论那个主题。
- 如果你认为自己之前犯了一个错误，或者给了一个说服力不强的答案，询问你现在能否更正或者完善那个答案。

这些问题中的每一个都通往不同方向，因此，你可以提出不止一个问题或不止一种类型的问题。

请注意，这个阶段的讨论重点仍然是你的论文。这不是一个你请求考官评价你表现或者询问答辩结果的机会，这是一个获得关于未来出版潜力的宝贵建议的机会。

创建你自己的一“套”问题

最后，学生和导师可以收集本章所有的问题来形成一“套”问题：（1）这“套”问题很有可能在答辩时出现；（2）学生可以使用这“套”问题或者调整这“套”问题，以便在答辩中取得好成绩。这样的一“套”问题，可能涵盖了不同类型的问题。

制作你自己的一“套”问题

- 在你的研究里，伦理方面的考量有多重要？

- 你是如何处理这些伦理问题的?
- 对参与者或者对你自己来说，是否存在安全问题?
- 你是如何解决这些问题的?
- 你认为谁会受到你这项研究的影响?
- 你认为这种影响会如何产生?
- 你是如何完善你在方法论中所用的……的?
- 你是否对每一个主题 / 每一种材料都使用相同的技术?
- 当你使用……这个术语时，你的意思是什么?
- 如果研究在某个阶段没有效果，你是否考虑过不得不缩短该阶段?
- 为什么我们应该相信你在表……里所做的分析?
- 为什么说……是一个很好的判断?
- 为什么我们应该接受你对……的解释?
- 你最重要的建议是哪一条? 为什么?
- 你认为你的建议可行吗?
- 你认为……是……的结果。会不会是相反的情况?
- 你似乎对……不太确定。为什么?

学位论文答辩里的讨论应该具有最高的标准，不应该对之抱有投机的态度。导师考前对学生说“嗯，让我们就等等看吧”“你没有什么好担心的”“你不会有事的”“你是个行家”不合适，说“默里的问题、帕廷顿等人的问题以及特拉福德和莱什姆的问题在我们的学科里无关紧要”也不合适，当然，除非说话人接下来提供了可让学生在练习环节里使用的其他问题。

当你在研制自己的那“套”问题时，小心“近视”的症状。这是一种假设状况，妨碍你从“盒子”外面进行观察或把握。如果你是准备练习问题的唯一一个人，你可能会受到自我视野的限制，解决方法是结合其他观点。跟其他人一起核查你的那套问题。请别人为你研制问题。不要从你的练习环节里自动排除那些让你大吃一惊或者看似远离主题的问题——要排除一些这样的问题，但要保留几个。即使决定不用这几个问题，也要想想如何将这几个问题转换成学科专业术语，这样会促使你以不同方式和不同表达来思考你的研究，这是为答辩做准备的一个重要步骤。虽然你不想被拉扯得离论文太远，但在考试讨论时，这些问题对于建立问题和论文之间的联系非常有用。这是一个重要的答辩技巧。

下一章将讨论以论文为出发点来制定答案的策略，以及其他许多回答答辩问题的策略。

核查清单

- 使用本章提供的普遍问题，练习回答这些问题。
- 调整这些问题，使它们切合你的研究和论文。

- 使用你所属学科的专业术语编写练习问题。
- 就像第七章所列的大纲一样，编写一系列问题，并在练习过程中使用。

第五章

回答策略

ANSWERS

针对前一章列举的问题类型，本章站在学生角度，给出了各种各样的回答策略。有的策略对典型答辩问题提供直截了当的答案，有的策略旨在同时实现某个其他目标，从而展示学生更高超的技能。

答辩当天需要有一定水平的表现，也许还需要某种类型的表现。本章详细描述了优异表现和欠佳表现的特征，并分析了其原因。尽管这里提出的策略会受到一些人的质疑，问题在于这些质疑是由策略本身引发的，还是正好由他们认为独特而晦涩的东西能够被“简化”为一套策略这一概念本身引发的。

因此，这一章对一些人来说本身就是一种挑战，因为它开始揭示学位论文答辩的各个方面，这些方面通常无人提及、不甚明确，而且还没有得到例行练习。这可能会给那些想跟导师讨论答辩答案这个话题的学生带来困扰，因为他们的导师没有在这个细节层次上考虑过学位考试。然而，正如前一章和本章提到的那样，随着越来越多的证据变得更广为人知，学位论文答辩应该成为常识，并最终成为惯例。

对学生来说，本书通篇都有提示，建议你去核查自己机构的现行做法。尽管答辩具有非常个性化的特征，每一次答辩都相互区别，但有一些习惯做法是你应该考虑的，可以适当地提前练习好。本章提供了这些习惯做法的定义和示例。

你需要掌握的答辩信息

- “读懂”答辩举行的背景，判断出“表现良好”在你的系部或学科里意味着什么。
- 对于什么是答辩问题的有效回答，要对你的系部、学科甚至你的考官进行深入研究。
- 鉴于各机构之间以及各机构内部对学位考试做法的文件规定存在差异，这本身可以成为一个小型研究项目。

考官和导师对于什么是回答问题的良好做法都会有自己的见解，你应该尽你所能搞清楚他们的看法。当然，有些人对这件事情会比其他人考虑多一点，没有必要拘泥于导师对良好做法的定义。

考虑到广大学生的需求和背景，本章涵盖了各种回答策略。有的策略对典型的学位论文答辩问题提供了直截了当的答案，其他策略则旨在同时实现某个其他的目标。例如，学生不仅对问题提供了答案，而且展示了自己对学科知识的理解。

如果你阅读本章时发现一种特定类型的答案似乎不适合你，你完全可以跳到下一种类型。或者，你可以想出一个其他答案（比如以一种不同形式表达的类似答案）并进行相应练习。

本章的目的不是将学生描绘成无论考官提问什么、无论考官选择把问题问到哪里都只能被动接受的形象，而是把学生打造成一个更为积极的角色。有证据表明，学生可以通过使用“有预测性的、有目的性的交际策略”（特拉福德和莱什姆，2002b：37）对答辩里的“辩证进程”产生影响。

这就意味着你不能仅仅核查由你所在机构公布的答辩程序。仅仅揭开学位论文答辩的神秘面纱是不够的。学生必须理解交际策略的组成部分，习惯于将这些策略用于答辩，并提前练习好这些策略，直到这些策略成为自已修辞套路的一部分。有证据表明，这样的策略甚至可能不仅仅对答辩有用。如果想要做到这一点，在准备答辩时，可能你就要接受这是一个学习过程；你不仅仅是在学习提示和技巧，而是把你现有的交际策略提升到更高水平。可以说，这是考官正在寻找的特质之一。

新技能

在许多方面，学位考试都是第一次：考生第一次参加答辩，第一次与另一位专家充分讨论完稿论文，第一次作为独立读者认真阅读整篇论文，也许还是其论文文本第一次作为一个整体受到评价。对学生来说，这就意味着必须考虑如何以新方式使用现有技能，如何把语言技能提升到一个更高层次。如果需要的话，你还要培养讨论研究的新技能。究竟要培养哪些新技能，或者改进哪些现有技能，只有在开始为答辩而练习之后才可能逐渐清晰起来。

这就意味着，你要将你已经在论文里回答过的问题（见上一章）清晰地表现出来。这可能说起来容易做起来难，因为它涉及至少两个过程，这两个过程相互矛盾，似乎不太需要什么技能：

- 回想你做研究时的早期决定。
- 有意识地展示你的潜意识思维过程。

正是这种悖论让一些学生看不到为这个考试做准备的目的。这可能就是我们都听说过的一些“灾难”的原因：学生觉得自己非常了解这个主题，没有必要去完成回忆并重新思考示例问题这些基础步骤；他们甚至可能处于一种幻象之中，如此基础的准备形式低于所申请学位要求的标准（出现这种情况是可以理解的）。

本章介绍的一些策略对一些考生来说是初次听到的。这些策略在某些方面类似于我们在学术写作中使用的策略，因此也类似于你在撰写学位论文时使用的策略。关键的新技能也许就是在演讲中使用这样的策略。

答辩中的礼仪

对学位考试的礼仪进行界定意味着确定适用于这种场合的行为类型。这跟你就论文进行过的其他讨论一样吗？还是学位考试更像工作面试，需要更正式的行为？事实上，可以说学位考试就像是考试（在目的上）和面试（在形式上）的结合。因此，适合这种考试的行为风格显然比较正式，方向大概就是恭敬而不卑微。

在某种程度上，行为是一个有关个人风格的问题，没有相应的行为准则来指导学生在这种情况下究竟该如何表现。事实上，这种关于行为准则的概念似乎本身对一些人来说就比较可笑。然而，一些考官喜欢学位考试有一点点仪式感，期望你通过行为表明你确实在非常认真地对待这场考试。

年度审查或升级面试应该已经让你对这种场景有了一些概念和体验，但校外评委的存在必然会影响到当时的气氛。最好的策略可能就是跟随考官的步伐：他/她采用的是正式的还是非正式的语气？或者，无论他/她的行为如何，你都可以决定保持正式、礼貌的状态。

问候与称谓

在答辩开始的某个时候，会议主席应该向你介绍每一个人，即使你对房间里的大多数人已经相当熟悉。这些介绍是为了让你认清他们，或者为了让你放松。

问候可以是正式的或非正式的，这取决于每个人对他人的了解有多深。你在问候时可以使用他们的头衔或者名字——在后一种情况下，除非你被明确要求这样做，否则，也许你不应该这样做。

随着介绍的进行，考官可能会试着衡量你有多紧张或多放松。如果你觉得无法掩饰紧张情绪，不要担心，这完全在意料之中。记住，在这种情况下，许多人看起来、听起来都不像他们感觉到的那样紧张，所以你的紧张也许不像你想象的那么明显。此外，就算你很紧张，也不会让考官感到惊讶；事实上，如果你不紧张，他们倒有可能感到惊讶。不显得过于放松甚至可能是一件好事，以防考官喜欢对自信的考生杀其威风、挫其傲气。

谈论写作

所谓谈论你的论文（通常是答辩的出发点），就是面对一个准备以大量反面论证来攻击你的人，将一个书面论点以口头形式表达出来。这意味着辩论、对话和演示取代了书面词语的相对封闭性：

- 为你在论文里已经辩论过的观点进行辩论。
- 在明知有反驳的情况下，仍然坚持你的立场。

- 参与对不同观点的交流讨论。
- 利用严谨的解释表明你了解你的主题。

讨论可能是一系列更加开放的、也许是被打乱的论点和“文本”。从一点到另一点的进展，不必完全遵循论文论证或表达的顺序（尽管经常遵循）。但是，即便你现在有所保留，你也应在答案中展示你在写作中构建的连续性。你应该能够：

- 构建关于所做研究的叙事语言。
- 展示思维的发展和逻辑。
- 展示连接部分。
- 展示你对连续性和封闭性是如何构建的。

当然，你可以透露你对自己研究的任何保留意见，并讨论你最近的想法。但直到在答辩讨论里开始修正它之前，一定要客观公正地评价你的研究。答辩是你为自己所做的研究进行辩护的地方。

在准备回答有关你的书面论点的问题时，再次把它看作是分裂的几个部分可能会很有用处。这看上去也许有悖常理，因为你花了那么多时间来创造并完善了该论点内部滴水不漏的逻辑，但是论文毕竟是一部语篇作品，以这种方式重新审视论文可能对你很有帮助。秘诀就是以一种全新方式看待你的论文：

- 把你的论文看作是一系列问题和答案。
- 把你的论文看作是一系列小论点。
- 列出你的论文所依据的假设。
- 识别你所下的论断与所做的推测。
- 找出贯穿全文的参考文献。
- 列出那些没有深入研究的边缘问题和切入点。
- 分别列出你研究主题的不同方面。
- 单独描述你这项研究里的一两个章节，而不考虑其他章节。
- 把相关联的“成套”目标和结果拆分出来。
- 把你的结论拆分为若干部分。
- 把其中一个部分提炼成一个小型提案。

虽然对论文进行了拆分，你在谈论时，还是要继续在研究的各部分之间以及写作的各部分之间建立联系。你会发现，不同类型的结构必须建立不同类型的联系。如此练习几次之后，你就会对任何类型的问题都准备得更加充分，因为你能以几种不同方式描述你的研究。

在讨论过程中的某个地方，书面文本的特定部分有可能成为提问的重点内容，例如：

- 在第 125 页，你写道……你想表达什么意思?
- 你是说……吗?
- 你确定是那样吗?

在这种情况下，与其试图准确地记住论文里每一行的意思，不如翻到第 125 页，重述你写的内容，稍微扩展一下，或者用不同词语进行转述（如果你更喜欢这样做的话），然后回答考官的问题。重述会帮你想起你在写作或修改时思考的内容是什么；转述会让你避免简单地重复，并且可能为你提出阐述观点的方法。这两种方式都能给你时间去思考该如何回答问题。这种互动方法可能值得练习，包括将论文翻到精确的页面并确保每个人都在看那一页里的特定内容。当然，你并不想只是简单阅读第 125 页里的内容。

记住，即使你正在讨论自己的写作，即使论文现在是一个成型的文本，你仍然要聚焦于论述或辩论的事情。你不必"证明"当时所说的内容到现在依然"正确"。但是，你一定要展示出你基于研究所记述的东西都有充分的理由；或者，如果你想修改文本，也是因为有了更深的理解和更多的知识才那样做的。

不要急于改变你过去所写的内容。考官只是想了解你是否清楚写那部分内容的原因，或者对其是否由你所写进行核实。你不应该把关于论文中任意一个字词的问题都视为你修改论文的诱因。

组织答案

学术论证里有很多反复出现的结构。即使你并没有在自己的写作中用到其中的每一种，你也会在阅读中注意到其中的很多种：

- 归类：（对研究者、研究方法等方面进行的）分组。
- 分析：把论文主题拆分为几个部分。
- 利弊分析。
- 问题——解决。
- 一般——特殊。
- （对已做研究的）叙述。
- 其他方向 / 结构。
- 你的论文论证结构。

这些结构中，也许利弊分析这种结构最有说服力，因为它是你表明自己能够看到所讨论问题有不止一个方面的有力工具（事实上，你已经看到有一段时间了）。采用这种结构，你可以明确地显示自己能够考虑并阐明不止一套方法适用于你所选问题的研究，以及不止一种方式去解释你那项研究的结果。你可以（或许应该）明确地使用“利弊分析”这些词语，从而清楚地标记你的思考方向、答案的结构，并展示你参与辩论的能力。

发言时，你应该能够对论文的各个部分、各章各节、目标与结果，以及研究中的各个阶段进行整合。如果你不这样做，考官可能就看不到其中的联系。

你的考官多久读一次你的论文？是一次略读加上一次细读，还是更频繁？记住，你必须在言辞上下功夫，表明你的研究和你的写作具有连贯性。如果在谈论你的研究时，你的目标是整合，那么

“整合”（或者该词的其他形式）就是你在答辩中讨论这一部分时应该说出的词语。

同样，如果你以口头形式对论文里以书面形式所做的全面论证进行了演练，这可能比较容易一些。另一方面，考官可能会提出某种新的事物，你可能需要对其从利弊两方面迅速做出反应。不过，没有必要急于回答——利弊分析结构让你有时间去权衡事物，得出一个慎重的回答。

将论文凝练为一个简短的口头答案

如何将一篇十万字的学位论文凝练成一个三分钟的答案？要想参考关于如何做到这一点的优秀示例，就在网上搜索“三分钟学位论文”。你会看到一些研究人员的视频剪辑，这些视频剪辑不仅构建了优秀的文本内容，而且还提供了优秀的口头表演。

你不仅能看到这些摘要可能出现的内容，而且还可以看到暂停、手势、眼神交流和声音的使用情况。你可以看到许多来自各个领域的不同示例。

请注意，这些简短的口头答案好像并没有被听众记住；即使确实被听众记住了，也无关紧要。说话人似乎在聚精会神并且自信满满地向听众一心一意地传达他们的研究情况。

要给出一个简短的口头答案，就要考虑你的结构：你是要像论文摘要里所体现的那样对研究叙事进行概括；还是要像在论文总结（如果你的论文有这部分内容）里所体现的那样，对论文文本进行概括；或是在这三分钟里（你也可以决定花更长时间），按照章节顺序讲一遍论文？

你要考虑一篇简明论文需要哪些关键组成部分：研究的理论根据，研究目标或问题，你用来回答研究问题的方法、路径、框架及其被选中的原因，研究的发现或结果，此项研究（相比于先前研究）的贡献和带来的启发。记住，要把连接词放在句子的开头，把这些组成部分之间的联系明确地表示出来，例如“我将要通过……来回答这些问题”这种说法，就能把问题和方法连接起来。练习使用这些连接词，这样你就不会漏掉其中任何一个关键组成部分。

无论是在练习时还是在正式答辩期间，都不要着急。拿出三分钟用来练习，感觉一下时间有多长或多短。要在句子之间稍作停顿，让观点沉淀下来，并标记出上一个要点和下一个要点之间的转换。这似乎是一个小要领，但一个凝练的陈述要在短时间内包含大量信息，你要让听众听到其中的每一部分。这可能是一个早期问题，而且无论从哪个意义上来说，你都希望这个凝练的陈述绝对清晰易懂。

言语策略

口头辩论的技巧涉及针对所属学科的特定言语策略。与你的导师讨论你观察到的言语策略：你和导师认为学科辩论时的弱策略和强策略分别是什么？例如，许多不同领域里都存在的一个重大缺陷可能是答案不够完善，即演讲者出于某种原因认为不需要提供细节。

弱策略

对这种场合而言，也许最弱的策略之一（记住，你需要将你的观察结果同他人的进行比较），就是给出“独词独句”的答案：

- （这项研究）很有用。
- 我觉得不是。
- 你觉得呢？
- 这就是关于其规模大小的描述。
- 好吧。
- 这就是当时的情况。
- 我不知道。
- 如果你这么说的话，那好吧。
- 我非常确信我所写的一切。

- 我做的所有解释都出自我自己。
- 不是。
- 我想是这样的（斯诺，1960：217—221）。

这并不是说你不应该给出这样简短的答案。这些答案本身没有一个是“错误”的，但这些答案太简短、太干瘪，对考生来说很有风险——他/她没有提供给出这个答案的理由，而是期望这个简短的答案能完成所有的使命，同时也没有展示出这个答案背后的思考。

如果这样一些简短答案贯穿于整场或者大半场答辩，许多人会认为这是一种失败，理由是考生没有真正回答问题：一方面，答案的的确确已经给出；但另一方面，这些最低层次的回答，对答案是如何生成的或者考生是如何想到这些答案的都没有做出任何说明。换句话说，这些糟糕的回应，凸显了答案背后的努力与答案本身同样重要。这些回应没有一种可以让我们见识到考生的思考能力；可能更为严重的是，其中一些回应表现出一种防御性，这种防御性似乎妨碍了考生认真对待这些问题。考生没有把考官的问题看作或者用作谈论研究的机会。

这些例子摘自 C.P. 斯诺的一部小说《丑闻》（*The Affair*），全部都出现在一则有关答辩的故事里，其中预期的情势比正常情况更加让人紧张。不过，就本章而言，这些例子只是用来阐释一般不应该给出的答案类型，除非你特别想成为答辩考场里语言最简洁的发言人。无论这些答案是否是明智的选择，你在答辩之前，都应该跟导师和其他人进行讨论。

始于论文

> 那些对可预测问题提供满意答复的考生，证实了考官认为该论文达到学位水平的意见……那些对自己论文里的可预测问题没有说出或提供满意答案的考生，将不会给考官留下深刻的印象，这些考官通过对论文的独立阅读来获得对于学位价值的第一印象。
>
> （特拉福德和莱什姆，2002b：47—48）

这些研究人员有力地证明了：论文不仅是考生练习问题的来源，也是考生给出答案的参考点。可以说，对任何问题的任何回答都能够并且应该始于论文。论文是对已做研究的记录——从某种意义上来说，所有的答案都在那里；毫无疑问，所有答案的出发点也都在那里。

把论文作为出发点，你需要思考论文的哪一部分与考官的问题有关：

- 哪一章与这个问题相关?

- 论文的任意一章里都有对这个问题的答案吗?
- 如果不止一章里有答案，应首先看哪一章?
- 对那一章讲述的内容进行总结。
- 提示考官、面向考官并请考官查看特定页码的内容。
- 说出为什么这些内容与所提问题有关。
- 核查：你回答这个问题了吗?

如果你已经准备充分，你就能把讨论引向你那项研究里的亮点，比如第 157 页。你论文中的亮点在哪里？在第 157 页吗？还有其他什么地方？如果你还没有这样做过，找出你想让考官看到并讨论的 5 到 10 页。提前决定你想强调哪些页码——包括第 157 页？你大概想选择那些包含大量信息（如表格、数据或矩阵）的页码，练习与别人讨论这些信息，然后回答问题。

一旦建立了这样一个清单（就像之前描述的那样，选定第 157 页作为关键页码），就不需要花费大量功夫记住这一页里的内容。但是，你确实需要练习，以便熟练地将讨论引向这一页里的内容。通过练习，你就可以很容易地从一系列完全不同的问题转移到你精选的重点答案，并在转移时轻松自如地引用具体页码。有些人在这方面做得很出色，但是没有必要认为这是一种天赋。无论你是否拥有这项才能，都是可以学习的。

同样，从参考文献中选择两个或三个名字（和日期），熟悉他们主要出版作品的题目和地点，尤其是富有开创性或转折性的出版作品。通过给出一定的细节，你可以获得加分。你要给出的不只是关于某一个研究者情况的细节，而是关于一些关键人物及其关键作品。然后，你需要想办法把这些人物和作品跟你的研究联系起来。其中的一部分已经出现在你的结论里，但你要练习用口头方式表达。

选择词汇

记住，不要忽视研究设计和研究报告的标准词汇：

- 目标。
- 目的。
- 分析。
- 理论框架。

仅仅写下这些术语是不够的，要练习在讨论中运用这些术语，直到你能熟练自如地运用为止。对一些人来说，他们的熟练程度在15—30 分钟的练习时段里提高得相当迅速；对其他人来说，可能要花更长的时间——大概需要好几个 15 分钟的练习时段，因为他们在用这些术语谈论自己的研究和论文时，还要培养他们的自信和清晰度。

同样重要的是，你要熟练地运用你的学科语言，准确、清晰地使用专业术语，并且确保你仔细定义了如何使用这些术语。尽管所有学科都有自己的一套术语，但对于这些术语的确切含义，学科内部时有争论。如果你被要求解释“你所说的 X 是什么意思”，不要担心，因为这是一项例行检查，看看你是否理解这个词与你那项研究有关的特定含义（而不是一般含义），以及你能否像在论文里那样，以同样的方式清楚地表达出来。

你做好探讨关键术语的可能含义，并选出最适合你那项研究的含义的准备了吗？你的论文肯定已经包含了这方面的部分内容，除非那个术语问题跟论文毫不相关。你不必准备比论文中已有定义更好的定义；相反，你需要为你使用的定义说明理由。如果你对这些定义进行口头演练，并且有别人在场旁听，你十有八九会在这方面做得更好。

给出定义

你有责任证明自己理解你所在领域的关键术语、概念和流程。如果你自己创造了术语或改造了已有术语以产生新的用法或含义，则尤其如此。

也许更重要的是，你可能会在研究和讲话中一直以特定的方式使用关键术语、常见术语或特定术语。要把这种情况说清楚：“我所说的 X 是指……”“我用 X 来指代……”。你可能还想指出你和同领域的其他研究人员使用这个术语的对比情况。考官可能会就你在论文里所用词语的含义展开辩论：“对你我来说，X 的含义并不相同。你能解释一下吗？”这感觉或许像是在质疑你使用的定义，事实的确如此。任何答案的第一步都应该从你在论文里给出的定义开始，随后陈述你（也许还有其他人）使用该定义的依据。然后，你将其与现有定义进行比较，通过承认该词语根据特定目的而有不同用途来回答问题，并可以做出总结。此外，如上所述，你可以给出其他研究者的具体信息，不仅包括他们的名字，还有作品名称、发表日期和地点等。

即使你和考官对这个领域都非常了解，你们都知道这些关键术语，你仍然需要向他们表明你知道这些术语。你要证明自己对这些关键术语及其定义十分熟稔，并且能游刃有余地运用你所在领域里的全部研究词汇。记住，他们还不确定你知道什么，你在向专家解释基本术语和概念时可能会经历一些尴尬，他们可能会误认为你对这些术语感到不自在或不熟悉。

谨慎使用定义是将你对语言的使用转变为更精确风格的方法之一。你必须明确你在说什么和没有说什么。在这种类型的答辩里，不可能有信口开河的情形。从某种意义上来说，这需要你在发言时借鉴一些通常在写作中使用的技巧和精确性。

虽然定义看似简单，但许多争论都停留在一个词语的特定用法上，或者一个词语对随之而来的论点以及用来支持该论点的证据的适用性上。这些争论绝不简单，但有时却被认为是小题大做，或者只不过属于“语义学”的范畴。无论你是否认为这完全是一个语义问题，你都确实需要做好谨慎定义术语的准备。在不同的定义丛林里穿梭是一种重要的知识技能，这种技能可以通过讨论文献、讨论替代方法或者讨论你逐渐加深的理解进行证明。甚至你可能在研究过程中改变了某个术语的用法。你可能在以不止一种方式使用这个术语，你也可能意识到了这有些令人困惑或不太一致。在讨论中对术语进行界定可以让你明确所说的内容，并且可以防止你明显地自相矛盾。你可能已经有一段时间没有和你的导师进行这样的讨论了，所以最好练习一下这项特殊的技能。

界定并阐释

在对讨论中的术语或者某个具体答案中的术语进行界定之后，没有比阐释你的观点更好的后续行动了。在向读者或听众准确展示你的观点时，定义和例证的结合使用常常能让听众确切地看到你的观点是什么。听众可能不会同意你的观点，但是他们会看到你的观点有所依据。如果你能用证据来支持你的观点，那就更好了，但是例证可以让观点变得清晰起来，这在任何论证中都是极其重要的一个步骤。

“界定并阐释”这一策略需要你在讨论时常常运用举例说明。

当你开始给出一个答案时，你要确保自己清楚如何使用关键术语（即对这些术语进行界定），然后通过阐释这一要点移入第二轨道。在哪里能找到例子来阐释你的观点？在你的论文里。

解释－辩护

这是应对学位论文答辩的一种重要策略。学生发现这种策略有助于防止他们在回答问题时防御性过强。这种策略还有助于他们思考自己作为考生的角色。学位论文答辩是（或者应该是）围绕一项已经完成的研究进行激烈辩论的场景，这种场景里会有分歧，甚至可能有意见冲突。

对于学生来说，他们很想对质疑性的、刨根问底式的问题做出回应，并为他们的研究进行辩护，证明他们的研究有理有据。这是可以理解的。但是，更有力的策略是从对研究的解释开始，先说你做了什么，再说你为什么那样做。解释在前，辩护在后：

- 考官的问题：你为什么没有对……进行更加详细的分析？
- 考生的“辩护”式回答：我没有那么做是因为……
- “解释－辩护”式回答：我所做的是……我那样做的原因是……我本来可以根据……对……进行更加详细的分析，但是我决定不那样做的原因是……

这种策略的优点是改变了基调：考生没有陷入防御性模式，而是重述了在研究期间做出并载于论文中的决定。这种策略还能防止考生在实际作答时带有防御性。这种策略允许考生谈论研究和论文，并把解释过程、叙述经验和展示知识这些重要的实践活动一并包括进去。

发言时要具体

这似乎是一个显而易见的观点：如果你想展示知识，表明是你自己做的研究，就需要提供具体信息。然而，就像所有的考试一样，考官也常常觉得模棱两可。有的人认为，考官“已经知道所有的知识点”，考生就没有必要再去阐释了。正如所有成功的考生所明白的那样，重点不是教给考官什么内容（尽管在学位论文答辩中，考官确实很有可能会学到新东西），而是向他们展示你所知道的内容。

发言时要具体意味着要给出姓名、日期、地点、出现频率以及其他适用于你所属学科的细节指标。如果你没有这些名字和数字，你可能就不算是提供具体信息。你的论文里会到处都是细节，没有必要抛开论文再去寻找新的细节。

将一般信息和具体信息联系起来是一种策略，表明你理解在你所在领域的研究者进行的更广范围争论内，你所选的具体信息的重要性。在一般陈述之后加上具体陈述是建立论证过程的一个好策略，表明你可以用证据和/或参考其他权威来支持你的观点。

想一想，对你来说，提供关于什么内容的具体信息比较合理。在哪里提供具体信息最有意义？在哪里能一直让你的答案更加具有普遍意义？例如，你可能希望具体说明你所在领域的重要人物，表明你对他们的研究特别熟悉：

- 他们什么时候出版了第一部重要作品?
- 这部重要作品的标题是什么?
- 这部重要作品在哪里出版?
- 在他们的重要论文或著作里，他们到底说了什么内容?
- 他们做出了什么贡献?

回答这些问题，在你看来似乎只是一种总结或者炫耀。但是为了做好这一点，学生们经常说，他们必须首先思考哪些研究者以及哪些著作可以优先考虑，然后还需要修改一些细节（比如关于这个领域里三个关键人物的信息，而他们或许是与考生自己的研究关系最密切的人物）。要选择你在演讲中能够熟练运用的具体细节，修订你的文献综述或论文里对文献的引用。即使选择你所在领域的前三名人物，也可能是一项比较复杂的任务：

- 在你所在的领域里，谁来负责思想方面主要的“观念转变”、创新或重大变化?

- 他们到底做出了什么贡献（参见其发表的摘要）?
- 他们最近（包括在你完成论文之后）发表了什么作品?

你研究中的亮点（无论你认为是什么，或者你想辩解说是什么），对你来说可以是另一组合情合理的、可以进行具体讨论的主题。这也可能是搁置论文一段时间之后重新理解论文的一种很好的方式 。

多具体算是具体?你需要多详细?你大概想跟随考官的非言语暗示：他/她看起来像是想让你继续的样子吗?还是他们看起来是想让你停止说话，以便继续下一个问题?他们想让你继续完善你的答案吗?他们看起来对你所说的内容满意吗?当然，你可以问他们是否想让你继续，但如果他们坐在那里、看起来很专注的样子，那么你肯定可以继续说话，对你的答案进行拓展延伸。跟往常一样，如果你发现自己给出了一个长而详细的答案，要记得回答你被提问的问题。

简要提一下关于长答案的问题。有时，在练习环节中，学生降低声音、不确定地看着他们的模拟考官，最初很好的回答似乎也以失败告终；相反，尝试练习让你的声音高低保持不变，一直到回答完毕。不要指望考官告诉你，你是否已经给出了“正确”答案，直接用一个简洁答案来结束你的回答。这可能看上去是一个不太重要的细节，但是在整个答辩过程中，这是一种确保你表现出色的有效方法；同时，它还意味着你永远不会没有回答问题。

首先，不要觉得你必须等到考官要求你“请更具体一些”。有些考官可能确实想在你的答辩上发号施令，但你至少应该考虑主动出击。如果你在某一点上没有说出具体细节，就可能会给人一种没有掌握足够知识的印象，你所展示出来的知识可能对申请的学位水平来说，过于肤浅和笼统。

如果你没有被允许完善你的观点，或者被中断回答，你会怎么做？你能做些什么来确保自己受到公正对待？你能做些什么来确保考官看到了你那项研究的具体细节？

不要默默地（或者明显地）变得气馁沮丧，你当然可以简单要求再花一两分钟，让你的阐述更加具体。例如，你可以说：“你介意我花一两分钟来阐释这个观点吗”“我想从论文里举个这方面的例子”“我可以通过……来阐释这一点”“尽管我在论文第……章里已经论述了这个方面，但我觉得我尚未完整地回答你的问题，所以我想简单讨论一下这一方面”“在论文第……章里，我给出了一个这方面的例子/对这一点给出了详细的解释/对这一点给出了利弊分析，在那里，我写道……”。

如果考官为了继续提问下一个问题而不止一次地拒绝同意你的请求，你可能就会觉得你不得不听从他/她的指挥了；但是，如果考官完全拒绝让你这样做，你可能会觉得自己受到了不公正的对待。所以，你必须时刻准备管理好你的情绪和语言。你还必须找到不同的方式来介绍你的具体细节。如果在你试着说出具体细节时，考官反复打断你，并且如果考试结束后做出了不好的决定，你就可能有理由进行申诉。这类强迫行为有时确实会发生，也许是考官之间相互竞争的结果。它可能不会发生在你的答辩会上，但答辩会上确实会有辩论。因此，这是一项非常重要的技能，无论如何你都应该进行练习。

明确说明

“明确”提出了跟“具体”相似的挑战：在任何一场答辩中，一些学生都会认为，考官会知道他们的意思，因此他们不需要明确说出他们在论文里的意思或他们在发言时的意思。

毕竟，考官已经读了你的论文。这可能会使得向他们讲述他们已经读过的内容看起来有些刻意。不过，这种考试的目的之一是核查你是否自己做了这项研究，如果是你做的，就只能通过你更加详细的讨论向考官展示出来。

尽管如此，一些考生认为，如果他们把考官肯定知道的事情和/或已经读过的内容解释得清清楚楚，就会被视为侮辱考官的智力。你可能会觉得考官比你了解得多，所以不需要解释。当然，这可能是真的；但是请记住，这类考试的目的不是让他们了解你的研究领域，而是表明你在这个领域里已经受到过教育。你的任务就是向考官展示这一点；无论如何，你都比他们更了解你的项目和论文。

如果这一点看上去有些费力（这一点在本书中确实多次出现），是因为许多学生对他们在这方面能起到的作用缺乏信心。将知识传达给更有知识的人这个想法确实会呈现一种冲突，这种冲突必须在准备期间得到解决，直到每个考生都能找到解决办法。

从另一个意义来说，你恐怕要明确一点：你可能被要求重新审视在研究过程中做出的决定。考官可能会在你的论文里寻找更能体现透明度的内容。例如，是什么原因让你认为自己的研究发现足够有趣，从而可以被视为一项研究成果？这是学位考试中要求更高的方面之一。你需要展示论文所记录的决定背后的心理过程。答辩之前重新考虑其中一些决定也许是个很好的主意。你的论文不会包括你全部决定的所有理由。你不必为此恐慌；相反，这可以促使你不由自主地回忆并练习重建一些心理过程，因为要预测出所有这类问题是不可能的。

让事情更复杂的是，你可能会想起自己的分析过程受到了各种影响，包括你想要做一些和别人不同的事情。在某些情况下，这种主观性并不一定是错误的，因为会出现一种过于强调客观的情形，即这种客观性超出了你所使用的方法范畴。你要记住的事情是，考官可能对你用来确保分析合理的核查机制更感兴趣。

他们可能还有兴趣看看你能否根据现在的知识对自己的核查机制进行评判。你很有可能会被要求这么做，因为关于这个主题和研究方法，你要比决定使用这种方法并完善相应的核查机制时更有见识。如果你现在知道你的核查机制本来还可以更加健全，你就可以说出来，但是要等到你对自己所做之事的价值进行描述并证实之后。对于这几个阶段中的每一个阶段，以及对于每一个要点，你在讨论中都要像在写作中一样明确，甚至可能更明确。

详尽阐述

“详尽阐述”这个词语的意思是对一个主题给出细致、认真且详细的说明。这对于展示像全面检索、方法严谨和理解深刻之类的素质是很重要的。

有一派观点认为，所有的答案都应该尽可能地简明扼要，考官会对冗长拖沓的答案很不耐烦，会因此对考生产生负面的看法。不过，另一派认为，你应该完善你的答案，提供细节并考虑利弊，这种方法使答案更长、更复杂。这样，你就有了另外一种方法来正确对待你那项研究，避免给出过于笼统的答案。

无论在什么情况下，你是否都能够判断出自己阐述得是否“足够”详尽？在考官似乎准备好提出下一个问题之前，继续阐述是不是一个好策略？或者，你是否应该这样认为：既然你可能无法准确判断出考官什么时候想或不想继续下去，那你就继续说话，直到被打断或考官发出想要继续下去的信号，可能是明智的做法。这种方法让你对如何使用时间有一定的控制，确保你可以详细回答一些问题。

以这种方式争取主动权并没有错。答辩时，可能没有迹象表明考官期望的答案有多详细或多笼统，所以最好是站在细节这一边（至少有时候可以这样做），给出更详尽的答案，用详尽的阐述将你的论证细节和思维细节引入答案里。

这可能需要练习，因为这种方法需要你随着讨论的进行，在一般陈述和具体阐述之间建立联系，在不同的问题和你想引入讨论的细节之间建立联系，也许还需要你在研究和写作的各个方面之间建立新的联系。长篇大论以及选择阐述的方向可能不是你最近或经常做的事，因此，这是你在考试前需要练习的一项技能。

用过去时发言

没有必要在整个讨论过程中都用一种时态发言，但用过去时发言意味着：你在谈论你那项研究时，把它当作一项已经完成的项目；你在谈论你的发现时，认为它们已经以某种方式得到了解释（出于某些原因）；你在谈论你的结论时，把它当作一个在某个时间点上（在不久前的某个时间）建构的论点。相比而言，如果你使用一般现在时或现在进行时，你就是在冒险地给人一种印象：你认为自己在一段时间以前进行的研究以及做出的决定具有普遍意义。

如果我们看一看示例，这两者之间的区别就会更加清楚。

为什么使用过去时?

- 描述已经完成的研究，例如“我所做过的事情是……”。
- 解释之前所做出的决定，例如“我那样做是因为……”。
- 展示你过去所学的内容，例如“我当时认为（解释）……我现在认为……”。
- 避免宣称普遍性，例如“这在当时意味着……”。
- 表明你对学习过程的反思，例如“我当时从这一点学到的东西是……”。

“这意味着……”暗示了这种解释具有当前有效性，可能还具有普遍有效性，而“这在当时意味着……”或者“我当时认为这一点的意思是……”指的是一种你过去所做的解释，显然以过去为坐标。这是很重要的一点，通过这种方式，你表明自己的论文本身不是终点，而是对一项尚未解决的争论和/或研究项目的贡献。

你在项目研究期间以及撰写论文期间所做的决定不能在答辩期间改变。鉴于你在写作时的知识或观点，你可以而且应该将其描述为正确合理的决定。不过，你当然可以用现在时来展示你目前的思考。

关键是要确保以下两点：首先，你要正确看待你在论文里完成并报告的研究；其次，你要根据目前的理解来评判或修正你的观点。由于你在答辩时已经对论文非常熟悉，其弱点也特别明显，所以这种思考和发言方式需要加以练习。

使用第一人称

一些学科里发表的学术作品，包括论文在内，通常不使用第一人称单数“我”。传统观点认为（并且有证据表明），其意图就是在成果展示和研究过程本身中创造一种客观性印象。这种做法在当今引起了争论。包括《英国医学杂志》（*British Medical Journal*）在内的一些顶级期刊，现在要求一种直接的写作风格，例如明确说明谁做了什么工作。但是，一些学科里的论文作者仍然不愿意使用“我”。

这种做法没有问题。显然，你必须沿用当地（即你所在的学科和系部）执行的惯例。

但是，你想一想，如果你从来没有或者极少在答辩中说“我”，会产生什么影响。这是否会让人觉得不是你自己做的这项研究？如果你在整个过程中都在使用“我们”而不是“我”，那么，会不会让人怀疑你尚未达到独立研究能力这项标准？

因此，在答辩之前，你应该练习用第一人称来谈论你的研究，如果需要的话，可以用复数“我们”，也可以用单数“我”。

使用主动语态

被动语态在学术写作中得到了广泛的应用，主动语态则使用较少，尽管这种情况在一些领域里开始有所改变。与此同时，仍有很多学术作者使用更正式的被动语态："作品被完成了"（被动语态），而不是"我完成了作品"（主动语态）。

对于答辩，你可以选择继续采用这种风格，只要你想表达的意思清晰准确：

- 数据得以被收集……
- 分析通过使用……得以进行。
- 第X章是为……这个目的而写的。
- ……这样的建议被提出。

是你做了这些事情，这一点清楚吗？如果你在整场答辩中都使用被动语态，是否意味着你不能把自己的研究归功于本人？如果你从不使用主动语态，从某种意义上来说，你是要在自己的研究中变成隐形人吗？最后一个示例表达得足够清楚吗？谁提出了"建议"？是你的导师、你自己、另一位研究人员、你的系部，还是文献？

虽然这些问题在一些人看来似乎是理论问题，但重要的是你决定采用书面学术语言风格，还是调整你的风格以适应口语形式。有的情况下，用不用被动语态模棱两可；另一些情况下，为了达到目的，使用被动语态比较合适。当然，你的决定可能会受到学科讨论惯例的影响。不过，答辩时你有使用不同表达形式（包括主动语态）的自由，这样说可能比较稳妥。

在论文里“把自己的思想表达出来”可能比较合适，而在答辩时“把自己的思想融入讨论”或许比较明智。这涉及风格的改变，所以可能需要进行练习。

陈述显而易见的知识

本章的“更正错误”（Correcting mistakes）一节里讲述了一个学生的故事，她好像不知道她的研究领域里某些显而易见的知识。虽然我对那个案例进行了一些详细的分析，但重要的是要分别考虑两个问题：“陈述显而易见的知识”可能意味着什么；“陈述显而易见的知识”对参加学位论文答辩的学生而言，可能涉及什么。

什么是“显而易见的知识”？这些知识可能是该领域里的每个人多多少少都理解为或认定为属实的某些知识；有可能是一些公认的知识，不再受到质疑或争议；有可能是研究人员或从业人员预期一段时间内在该研究领域中都属实的某些知识；有可能是从该领域的第一原理推演出来的属实的知识；或者是不久前或最近已经被当作是第一原理的知识。

这或许是一个合乎情理还非常重要的答辩提问方向，因为它测试了你对学科里什么内容有争议、什么内容没有争议的了解情况。什么是“显而易见的知识”这个问题还可以测试你如何从历史、实践和理论的角度理解某些知识如何变得“显而易见”。它还测试了你讨论基本原理并且据此教授基本原理的能力。考官可能会更进一步，测试你对某些知识被认为是显而易见的原因的理解情况；也可能会选择质问你对第一原理的接受程度，要求你提供更有力、更详细、更有推理性的论证。同样，为了重述显而易见的知识，你可以通过谈论你在论文里所写的内容来开始回答这些问题。

另外一种情况是，对你这个被考查的论文作者来说“显而易见”的知识，可能对考官来说并不是那么“显而易见”。因为论文的部分内容可能在答辩之前就已经写好，所以你可能会在一些辩论中因为没有角度而无从下手；或者你可能会觉得论文里已经进行了特别严密的论证，观点已经被提出，不需要进一步讨论。

例如，考官可能会问你一个问题：“这个结果比那个结果更重要吗？”结果显然已经产生了递进关系。从某种意义上来说，显然是一个结果引发了另一个结果；如果没有第一个结果，第二个结果就不会发生。但是，你的任务是阐明有一个递进过程，还要描述其特征以及因果关系，最后回答这个问题——是或不是。对你来说，即使重点是有这样的一个递进过程，是不是其中一步就比另一步更重要？这是另一个需要以一种新方式去重新思考、甚至重新起草书面材料的例子。

然而，尽管把某些议题和问题看作是显而易见的是一种可以理解的心理，但如果你把考官的问题当作是显而易见的，那就错了。

勿为之事

- 表现出好像这个问题的答案显而易见。
- 用“显而易见”一词开始回答问题。
- 认为考官的问题荒谬可笑。
- 因为问题如此简单而被逗笑。
- 对被问这么基础的问题表达不满。
- 询问考官为什么问你这个问题。

考生即使知道每个问题都需要一个有理有据的答案，还是可能会经历这些反应当中的某一种，关键是不要流露出来。然而，努力压抑你的情感并且将它们隐藏起来是很困难的，特别是在有压力的情况下。你确定你能做到吗？或者相反，你能否调整你的观点，接受“显而易见”的问题在研究和学术写作中的作用，因此也与你的讨论有关？

在某些情况下，也许就像下文“更正错误”一节里所用的例子一样，考官可能只是想要测试你，看你能否处理别人对你所说或所写内容的误解。考官可能会表现得好像没有读懂你的研究，好像对你的研究做出了最糟糕的解释。学生有时会在答辩后说，他们对考官好像不知道或不理解该领域或该研究的某个方面感到惊讶。这是对考官问题的误解。与其在那里强压怒火、惊讶不已或者内心颤抖，还不如构思出一个有理有据的答案，甚至可能不止一个答案。无论问题是什么，回答问题都是你的职责。

做报告

关于在答辩时做报告，学生中有不同的观点。有一些正反两方面的观点，如下表所示：

正方	反方
让你有发言权	使你焦虑
让你有主导权	考官可以随时打断
显示完整性和连贯性	技巧可能不起作用
展示知识	过于正式
为问答环节热身	增加风险
引向亮点之处	在报告中暴露弱点

无论你的观点是什么，重要的是，要知道做报告是一种选择。一些导师会询问他们的学生是否愿意做一个 15 到 20 分钟的开场报告。这可以产生与总结一样的作用，而总结通常是开场问题之一。如果你的导师没有表明是否愿意让你做开场报告，你通常可以询问。这个决定可能取决于当地的规定和习惯，有时这不是你能选择的。另一种做法是准备一个长篇总结，其功能与报告类似，大概

持续 20 分钟，并在考官要求你总结研究或论文时作为答案说出来。既然你可能以前没有花过 20 分钟谈论（或者至少不经常谈论）你的研究或论文，那就也需要练习。

适当停顿

发言过程中可以时不时地停顿一下，不一定用很长时间，但是一定要长到足以进行一次深呼吸。这是一种很好的做法，这么做有几个好处：

- 帮助你控制自己的声音。
- 防止你一直说下去而迷失方向。
- 强迫你慢下来。
- 防止你在论证时遗漏某个步骤。
- 给你思考的时间。
- 让你观察非言语性的反馈。

你可以在几个不同地方为了不同目的而停顿。对一些人来说，这似乎有点做作，但有什么理由对此放任不管呢？因为毕竟，这场考试的成功代表着你能达到的最高水平；而我们都知道，优异的表现都需要大量的练习。因此，不能只在心里默念“我一定要记得停顿”，而是更有针对性地思考何时停顿以及为什么停顿。

何时停顿

- 回答问题之前——留出思考的时间。
- 回答问题过程中——标志着在逻辑上转移到答案的下一部分。
- 即将结束回答时——他们想让你继续还是停止？

停顿最重要的好处是，它可以帮你控制自己的焦虑程度。如果你练习停顿下来进行呼吸，在两句话之间停上一两秒钟，你就会在言谈中显得更加克制、更加谨慎，而不是喋喋不休。当你燃起激情时（当然激情非常重要），你可能会再次开始加快速度，但你可以练习提醒自己停顿下来得以喘息。至少，这会防止你绷紧声音，不让你听起来很紧张。如果练习得很充分，你就不会听起来很紧张。你仍然会有压力，但你会很好地应对压力，而你的声音也会很清晰，毕竟声音在这里是沟通的媒介。

突出优点

考官有多大可能会说“请告诉我们这篇论文有多优秀”或者

“你能给我们指出最好的地方吗”？恐怕不太可能。

考官有可能同时赞扬你的研究和写作，但同样有可能的是，讨论会集中在那些需要进一步拓展或修订的地方。这并不是说考官忽略了研究本身的质量，他们并没有忽略；然而，出于显而易见的原因，他们可能会专注于提问测试性的问题，答辩毕竟是一场测试。

这就意味着，可能需要你来提请大家注意你论文里的亮点。

谈论优点的策略

- 你对论文的哪些部分引以为傲？如实说出。
- 你想突出哪些部分？把它们称为“亮点”。
- 练习将这些问题转化为你的答案。

如果你不这样做，可能会产生优点被忽视的风险；甚至，在最糟糕的情况下，可能你的研究会被视为没有优点。

具体来说，你在答辩的某个时候，应当使用与你研究相关的一些关键词。虽然你必须注意不要夸大研究质量，在指出研究的积极方面时不要显得与考官相矛盾（除非你是故意的），但你必须找到从正面角度评价论文的方式，并使用那些恰当“标明”其优点的术语：

- 价值。
- 影响。
- 成效。
- 优点。
- 有效性。
- 贡献——什么类型的？什么规模的？
- 解决问题的一种方式。
- 权衡——优点大于或抵消缺点。

大概考生正是因为害怕在研究中宣称或显得宣称太多赞誉或价值，而对使用这些术语犹豫不决。毕竟，考试的目的是让考官决定你的研究是否有这样的价值，所以就可能会有这样一种担心——如果你在答辩时对研究的方方面面都赋予了价值，你可能就会显得先发制人，妨碍考官的判断。

勿为之事

- 把上面所有的关键词都用一遍，好像它们都适用于你的研究/论文。
- 假设考官会看到你那项研究的优点。
- 明确肯定论文的优点而没有解释、界定或给出示例及/或证据。

- 过度宣扬优点。
- 以为考官跟你一样熟悉你的论文。

有些人认为，如果研究足够优秀，它本身就会说明一切，因而没有必要去“推销”或者突出其优点。当然，可能在某些领域是这样，你可以核查自己的领域或系部里是不是这样。

然而，可能同样属实的是，考官希望弄清楚你是否知道什么算是优点，你能否巧妙地提请他们注意到它，以及你能否提供令人信服的证据证明它是优点。理论上，这应该不难做到——因为所有这些工作都已经在你的论文里完成了，或者它们已经出现在你的论文摘要里了；但一些考官和导师报告说，学生在书写关于这个主题的内容时往往做得很不好。不过，构建一个口头论证，并且在进行论证时抓住考官的注意力，则完全是另一种技能。

谈论弱点

> 如果他们询问我的研究里是否有任何弱点，我该怎么办？我应该尽量隐瞒弱点吗？如果我指出这项研究中存在弱点，我会失败吗？
>
> （匿名学生）

所有考官都会明确询问你研究或论文中的弱点吗？他们可能会这样做；相反，他们也可能会问你为什么做某件事情，并希望能让你引出关于弱点的问题。这不是阴谋，他们不是在试图控制你，这也不是你掩盖任何弱点的机会；相反，要把它看作是测试的一部分。考官想知道你是否意识到了弱点，或者想知道你是否意识到每一项研究都有弱点。你是否有足够的知识来看待这些弱点？你能条理清晰地谈论这些弱点吗？你知道下次怎么避免它们吗？

弱点这个主题似乎在面临答辩的学生中产生了不少焦虑。同样，这可能是由于他们不了解这些考试里“通过 / 不通过”的决定是如何做出的。这也表明，谈论弱点的想法对学生来说很有挑战性。从正面角度来谈论弱点这个概念十分新颖。

学生通常能敏锐地意识到自己研究中的弱点，这一点并不新奇。我们都知道，所有的项目和论文在某种程度上都是不均衡的。但在通常情况下，都是别人指出你研究里的弱点；这种答辩的新颖之处在于你需要自己谈论这些弱点。或许你的焦虑是由于你认识到了这些谈论会受到评估。

一些弱点是因设计产生的研究局限性而造成的。你把它们放在那里。在项目的早期阶段，你有意地、明智地专注于你的研究。你决定在研究过程中采取某种行动方案。没错，它可以被改进，但是你做了切实可行（并且经过认可）的事情。经过深思熟虑，你着手实现一系列具体目标。

答辩可能需要你将这些决定（你在一段时间以前做出的决定）

作为一个连贯的行动计划重新复述一遍。你的任务不仅仅是要在既有时间里做你能做得到的事情，还要做出一连串合理的、严谨的决定。我希望你已经记录了这些决定，并在答辩之前回顾你的记录（这正是研究日志派上大用场的地方——这是对处在早期阶段学生的一种提醒）。如果没有记录，你就需要调动你的记忆（或许还有你导师的记忆），重温并恢复这些早期决定。当然，最重要的早期决定都记录于你的论文中，因此你应该找到一种重述论点的方式。

在你的论文里，每一个“弱点”都有自己的更正方案。局限性可以解释为在限制条件下的合理决定，或者标记为研究过程本身的一部分。在书面文本中，你能够为你所做的研究找到合适的理由，对任何明显的弱点都指出权衡考量，并且中肯而彻底地表明局限性不会削弱你研究的价值。

相比之下，讨论时你需要：

- 以口头形式重述这些书面的更正方案，做到让人信服。
- 对那些你论文里没有进行解释的弱点，想出更正方案或其他形式的论证。

情况可能会因为以下事实而变得复杂起来：既然你有了自知之明，你就能看到自己的研究中存在明显的弱点。也许你以前没有看到这些弱点；也许你认为它们没有那么重要，不需要对之采取任何更正措施；也许你最近才意识到存在弱点。

因此，在答辩之前，你可能会形成你的论文有严重缺陷这样的印象。你可能会倾向于隐瞒弱点，或者尽可能避免谈论它。然而，这可能是一个错误。如果你看上去好像是在掩饰一个弱点，一旦考官问起你那个弱点，你就可能表现出自己还没有看到那个弱点；或者更糟糕的是，你不明白它还能被视为一个弱点。

所以，你能做什么？你当然可以把弱点作为弱点来讨论，以便能够：

- 展示你对什么是优秀研究的理解。
- 把研究中的弱点和优点做对比。
- 表明你理解研究所涉及的妥协。
- 让考官相信你在未来的出版作品里会处理这些弱点。

在一个理想状态下，每一项研究都没有弱点；但在现实世界里，恐怕那种情况永远不会出现。实际上，你需要尽可能找到一种方式，对你认为的弱点给予正当的解释。

当然，答辩考官可能会第一次让你注意到你意想不到的新弱点。你不可能预测出他们将要提问的一切内容，或者确定他们对你那项研究的优点和弱点如何看待。准备好迎接“惊喜”（反话）吧。

处理“惊喜”问题可以被认为是一种技能，当然，你可以跟同伴一起练习：请他们设计一两个问题，这些问题可能是你写给他们的问题的后续问题。如果他们理解了你的一些答案，他们就可能会受到激励，问一个相关的深入问题。请他们在毫无征兆的情况下使用“弱点”“缺陷”，甚至“错误”“严重的遗漏”这些词语，看看你是如何反应、应对和回答的。

不过，把弱点作为弱点来讨论，可能是一件你没有做过的事情。以前，“弱点”意味着你要继续研究、继续加强或者从项目/写作里删减。在你做研究期间，你有时间对那些弱点进行处理；但是到你答辩的时候，你就无法对那些弱点做任何事情了。它们就在那里，所有人都看得到。考官可能只是想让你承认你也看到了这些弱点，而你的职责就是找到谈论它们的方式。

谈论弱点的策略

- 从你也许可以做些什么来加强你研究的某方面这一角度来谈论这些弱点。为你的研究提供有力的理由。
- 从下次你会做什么来避免这些弱点的角度来讨论。
- 把这些弱点描述为在所有研究里都不可避免的现象，准确说明它们究竟是如何形成的，尤其是在你的研究中是如何形成的。
- 举例说明他人作品中的这种弱点。
- 把弱点与你的目标联系起来，展示你最初意图的正确性，说明它们是基于良好的思维和实践。
- 承认自己知道存在风险，但有充分的理由坚持下去。

- 表明尽管存在弱点，但你还是实现了自己的目标，或者弱点本身引出了有趣或重要的内容，这些内容可能在你的论文里没有进一步展开。
- 考虑这些弱点能否以及如何为未来的研究提供方向。

勿为之事

- 给出一个笼统的、无奈的声明："这在每一项研究里都会出现"。至少要举出其他研究存在弱点的例子。
- 因为该弱点而责怪导师。
- 抱怨你的数据。
- 指出"那超出了我的研究范围"，却没有给出令人信服的论证来支持这一说法。
- 认为被视作弱点的部分不重要而对其置之不理。

其中一些答案是可以接受的，但你必须补充进一步的论证来支持它们。

如果你不考虑什么可能会被挑剔的读者看作是弱点，不考虑你可能会如何准确地讨论这个主题，谈论弱点就一直会是一件全新的事情。

如果这部分讨论真的在答辩中出现，在这些策略中，哪些对你和导师来说比较有道理？你具体会用什么词语？你会用到哪种程度的细节？

一种策略是，向考官陈述你在论文里解释某部分内容时可能会产生误导。例如，向考官表明，某些看上去是概念混乱的情况实际上是过度陈述，你可能对你研究的某一方面陈述了太多内容。换句话说，你可以修改或者准备修改那些你不再满意的部分：例如，你可以说，“我说的 X 是指……”。然而，重要的是，你要表明你所做的事情足以回答你在开始攻读某个学位时设定的研究问题。同样，这意味着你首先要为你所做研究的充分性进行申辩，然后再对研究进行修补。

你也可以在答案里透露更多关于数据的细节，可能会提到你的论文没有包含的数据。这不是欺诈，所有研究者都可以决定使用哪些数据以及如何分析这些数据。有时，为了专注于研究中的主要目标或问题，会出现一定数量的“抹除”现象。无论怎么说，未被纳入论文的数据还可以用于未来的调查或写作。考官会意识到这一点，有的考官还会想跟你一起探讨。你的答案要清晰、诚实，尤其是当你遗漏了矛盾的数据时。这种讨论的结果很可能是，你需要把被排除在外的数据重新恢复到论文里。同样，你的关键回答策略应该是——先为你在论文里确实做过的研究进行申辩，然后再讨论可能有益的补充。即使考官希望你把重点放在添加新数据这个问题上，也必须跟你已经使用的数据以某种方式联系起来，这并不是对问题的回避。

最后，在跟导师讨论时，核查你是否夸大了自己研究或论文里的弱点。因为你的论文现在对你来说已经很“旧”了，你在某种程度上已经超越了它，毕竟你已经研究了足够长时间，所以，论文的部分内容（如果不是全部的话）现在对你来说可能比较薄弱。你会比任何人都更了解你的论文，而且你很可能会比其他任何读者都清楚你论文中的薄弱之处。放松一些，因为至少有一个得到授权的人认为你的论文值得提交，它可能并不像你想象的那般“薄弱”。

无论你的研究或论文的弱点是大还是小，本节的重点都是，你应该准备好讨论你的研究和论文里比较薄弱的方面。如果你没有准备好这种互动，也许就会回答得很糟糕，那样就看起来很不好了。

相反，如果你已经按照这些思路完全准备好了一些答案，并且进行了充分排练，你就更有可能做到在回答这些问题时表现出色，即使考官提问了你没有视为弱点的地方。读了本节内容并且进行了一些讨论之后，你可能已经发现，“弱点”这个词在某种程度上已经很正常了，这应该会减少由这类提问引发的焦虑。

后见之明

回顾你已经完成的研究项目，你现在一定比刚开始做研究时拥有更多知识。我们可以假设，所有的学生都会在他们的研究过程中学到一些东西，这些东西使他们意识到他们本来可以在研究里做一些不同的事情。一路走过，你会吸取许多经验教训，这就叫作后见之明。

对有些人来说，这很令人沮丧，你刚完成一个阶段的研究，就立刻意识到它本来可以做得更好；然而，这就是研究的一部分。此外，在攻读学位过程中，后见之明是学生学到知识的重要标志。因此，在答辩中表现出后见之明很重要，这或许意味着你可以明确使用“后见之明”这个词。

例如，在答辩中说一些以“事后看来，我可以发现……”开头的话语；提出一些改进措施的建议，“我现在会……”；或者推测下一个有益的步骤可能是什么，“我推测……可能会产生更好的结果……”，都是可行的。不要觉得你应该仅仅代表权威知识，你也可以使用更多的反思性词语，比如“我已经学到了……”。

有些人认为，在攻读学位过程中，有些教训只能通过回顾来学到。这种观点认为，只有通过认真回顾你的研究，你才能充分认识到自己学到了什么。好好回顾一下，想想你在答辩时可能会在“后见之明”方面说些什么。

换句话说，可能有一些事后诸葛亮的教训，这些教训没有在你的论文里出现，但你应该做好在答辩时谈论它们的准备。因为你对事情有了不同看法，这种后见之明的角度还可能改变论文的某些方面。这可能意味着你会想用不同于你在写作时用过的词语来谈论那些方面。显然，这会需要一些准备，包括练习从谈论的一方面转换到另一方面时发出清晰信号。

引用权威研究

如果你能在讨论自己的研究时引用权威研究，就可以让你的答案更加有力。这说明你的研究领域很重要。

不过，你可以在这个常用策略的基础上更进一步，在你的研究和别人的研究之间建立明确的联系。例如，如果你能用跟他们相同的句子提及你那项研究，你就创造了一个机会，不仅可以沐浴在别人的光辉里，而且可以在你和更知名研究者的研究之间建立概念或知识上的联系。

例如，当你被问到一个关于研究方法的极具挑战性的问题时，你可以提及使用过相同或相似方法的其他人，给出他们所做事情的细节，对比你们所做的事情，最后回答考官的问题。

有些人认为，引用（特别是自我引用）只是大型学术游戏的另一个方面，但是在为答辩做准备的背景下，也许可以让你建立自己的权威——诚然，这种权威相对有限。

更正错误

下面的叙述和评论借鉴了许多和学生合作研究的经验。虽然当时的情况是由一个学生叙述的，但是这个案例代表了一种可能在答辩时引发的误解。该案例涉及一名英国文学专业的博士生，但其他学科的学生也可以从中吸取教训。

该案例意在向准备学位论文答辩的学生传达两条简单却至关重要的信息：

- 你的答辩可能不是一场直截了当的问答对话。
- 如果你在答辩时犯了一个错误，要更正那个错误。

个案研究

其中一个考官问了我一个关于简·奥斯汀的问题……那个问题是什么以及我当时是如何回答那个问题的，我现在记不清楚了，但我当时以为自己回答得很好。令人不解的是，其中一个考官突然说："如果你看不到简·奥斯汀作品里的讽刺意味，那么你就遗漏了整个重点。"

我不知道她从哪里得到的那个观点——我当然看到了其中的讽刺意味，每个人都看得出其中的讽刺意味。但我太震惊了，老实说，是太困惑了，而没有去更正她的说法。我还感到害怕——她说得如此斩钉截铁，让我不得不反驳她。我还没来得及说什么，讨论就转移到了下一个问题。这让在场的每个人都认为我不理解我们正在讨论的主题中最基本的一个方面。

我到现在仍然不相信考官会从我的话里得出这样一个

观点，但我本应该立即更正她。我现在觉得我被固定在了“给出错误答案”的印象里。我想让每个人都知道这件事情，这样他们就不会让类似的事情发生在他们身上。如果考官做了这种事情，考生必须进行更正。我相信这是我那次答辩不及格的原因之一。我通过了第二次答辩，但我永远不会忘记第一次答辩。

我们可以从中得到的第一条信息是，如果你说的话被误解，或者如果你甚至搞不清楚考官如何从你刚才说的话里得出了这样一个观点，你必须立即对此采取措施，你可能不会有第二次机会了。你可能需要打断下一个问题，把讨论带回到问题出现的地方。这类事情可能发生的原因有很多，包括（你或他们的）注意力的缺失、意在通过说一些错误的东西对你进行测试、恶意、疲劳、时差或文化差异。即使我们说同一种语言，我们也会以不同的方式使用许多词语。

另一方面，如果你在其中一个答案上犯了错误，你可以进行更正。要向考官表明，你知道那个答案是错误的。不要将这种情况判定为不可挽回，要告诉他们正确的答案，并且指出你正在更正之前的一个错误答案。

有些学生可能认为（或者听说过），最好不要以这种方式把注意力引到自己的错误上。他们主张顺其自然，设想没有人会注意到，或者他们会忘记。这是一个冒险的策略，风险在于你的错误会被记录下来，并与你更好的答案一起被权衡，就像在任何其他类型的考试中一样。

关于这个学生，关于她是如何在这次答辩中被定位的，或者关于她是如何让自己被定位的，这个故事说明了什么？它能代表这个人所经历的整个学位就读过程吗？还是说明了关于这个人的背景（社会背景或是教育背景）问题？在那一时刻，她怎么会无法校正当时的形势，无法为自己辩护？

也许她已经习惯于被这样定位，已经成为条件反射，并且（也许是暂时的）失去了识别这一点的能力，还失去了利用技能和策略使自己摆脱这种处境的能力。也许她已经有意无意地开始认为“我赢不了这场比赛”。实际上，她是在向考官的权威屈服。也许她根本不具备应对这种讨论的技能，一旦形势开始出错，她显然无法挽回局面。对她来说，这可能是一次熟悉的经历，她可能在其他情况下也无法坚持自己的立场。在其他情况下，结果只是那些拥有权力的人得到了角色确认，有时这是可以接受的。有人会说，这种情况一直在发生。但是，学生在答辩中的结果是截然不同的。尽管可以理解，但确认自己的无权地位不是一种明智的策略。

情况开始出现问题的时候（如果情况确实出现了问题），具有应对策略非常重要；而对一些人来说，情况就不会出现问题。例如，你需要表明你理解考官的担忧，让他们相信你能进行必要的修改和更正来让一切回归正常；你也许无法在答辩时更正一个弱点，但是你能向考官表明你知道答辩之后如何去更正那个弱点。

答辩之前，要想一想你可以做些什么来完善你的论文。你可能已经跟导师讨论过这一点了；如果还没有，也许现在你就可以这样做了，因为你在为你的答辩做准备。考官可能已经决定让你通过，但他们仍然需要确认你知道自己需要做什么——更重要的是，确认你有能力做到那一点。如果他们觉得你不能深入研究，或者他们形成了你不打算深入研究的印象，即使他们刚开始时打算让你通过，他们也可能认为必须不能让你通过。

关于那位考官，这项个案研究告诉了我们什么信息？或者，是否有关于在场的其他考官的信息？为什么没有人提出后续问题来让那个学生重回正轨？他们已经决定不让那个学生通过了吗？我们永远不知道他们在想什么。你所能做的就是应对那些歪曲你知识的问题，并做好回答的准备。

有些人可能会觉得那个学生对这种情况的反应有点可悲，她在压力下屈服了。她没有反击，像这样不明所以的简单屈服就应该失败。她表现得不好，从某种意义上说确实如此——那个学生的确表现出没有构建切实可行的论证的能力。如果她有更多的知识和技能来应对这种挑战，她就会有不同的表现，她就不会在受到质疑时双腿发软。她可能从一开始就缺乏信心，因为她知道自己知识有限。也许，在内心深处，她知道她不会有很多话要说。也许她发现，除了她的不公平感之外，她没有什么可以作为反驳的依据。她当然知道她的口头表达能力很差，这就是为什么这个案例被包括在此。即使是非常聪明的人，并且在论文写得很好的前提下，也可能因为答辩所要求的新形式的严苛标准而栽跟头。

这个案例描述了许多学生的经历，他们讲述了答辩之前的恐惧以及答辩之后的感受。其中许多人说，他们没有真正地考虑过他们答辩时会发生什么事情——他们以为自己考虑过，但他们没有真正地考虑过，他们也没有为应对深入问题和公开挑战做好准备。同样，他们可能以为自己已经准备充分了，但事后才知道，他们本来可以做得更多。

这则叙述是为了给一些学生敲响警钟，他们以为自己在其他情况下培养的口头表达技能会帮他们通过学位论文答辩——除非他们自己已经检验过这个假设，否则可能会遭遇猝不及防的打击。

最后，坦嫩（Tannen）（1995：291）的一则引言提供了一个不同视角，说明了在这个案例中可能发生过什么：

> 由于级别、地区或民族风格的差异，或者仅仅是性格的原因，任何一个人都有可能遭遇难以被倾听的困难，无论男性还是女性。他们不像其他人那样顽强地站在自己的立场上，在会议上说话不那么有力，或者一开始就没有很高的可信度。谁更倾向于妥协和达成共识，而不喜欢争执，谁就更容易屈服。

可能考生会认为自己的威望比考官小得多。除了一些例外情况，大多数学生都会带着一种自己没有“高可信度”的感觉来对待答辩。许多人一想到与校外评委发生“冲突”就会感到不舒服，尽管他们知道，在自己的答辩里，辩论毫无疑问会占有重要的地位。

这可能解释了许多考生在考试临近时感觉到的强烈忧虑：不单是因为他们喜欢如何表现与他们需要如何表现之间存在着冲突，而且因为他们自己与考官之间存在着可以预料到的冲突。

坦嫩的评论为本节描述的考生案例带来了一个新的视角：这位考生不够“顽强”，没有“坚持（自己的）立场”，觉得自己没有以“高可信度”开始自己的答辩（这一点可以理解），并且因为跟考官产生分歧而感到不舒服。所有这些特征（尤其是放在一起的话），都意味着考生对这种形式的考试准备不扎实；当然，这个问题由于学生在当时对其缺乏认识而变得复杂起来。

这对其他面临答辩学生的启示是，他们应该在考前就对某些言语行为和非言语行为进行界定、阐述和练习：

- 表现出坚韧不拔的品质。
- 展示可信度。
- 对分歧应对自如。
- 平衡共识和争论的关系。

当然，可能还有其他你认为更适合答辩的行为，但本章描述的所有策略都是为了防止你屈服于答辩当天的争论而设计的。

考虑到你可能已经习惯于接受导师的看法，这可能需要你进行调整：你不能机械地同意考官的每一个观点和每一次质疑，你必须根据你所做的研究，通过系统地辩论，去改变一些观点，驳回其他观点。你需要找到适合你并且据你所知适合你的答辩的方法，然后加以练习，使自己胜任这个角色。

更正自己

就像上一节提到的那样，如果考官对你的一个答案形成了一种印象，你认为这种印象反映了你糟糕的一面或者完全错误，即使冒着反驳考官的风险，你也必须要找到一种方法来更正这一点。你可以通过表现得像是在更正自己而不是在反驳考官来做到这一点。你可能会觉得你最不想做的事情就是跟考官对峙（也许你认为这样很明智），但你必须确保错误得到更正——否则，它们至少会影响考官对你及你研究的印象，而且最糟糕的是，会影响你的答辩结果。

类似的误解在你向导师或别人解释你的研究时可能也发生过。实际上，你可能会认为，你跟导师都试过了，却一无所获，你总是不得不屈服，他们总是正确的。再次强调，重要的是要把学位论文答辩看作是一个独特的事件，这跟你与导师的互动大有不同。

同样，如果你有自相矛盾之处，你可以更正自己。指出你认为自相矛盾的地方，做出澄清并更正。同样，如果考官想继续下一个问题，你可能需要推迟你对那个问题的回答，明确表示你仍在回答这个问题，尽管这是上一个问题。

所有这些策略都要求你发挥积极作用。你要确保你的答案不仅能很好地表达出来，而且能精确地表达出来，而不是被动地屈从考官对你答案的理解。如果考官确实没有听到你说的话或者误解了它们，那么提供并表达出构思良好的答案就没有什么意义了。要确保认真倾听，包括考官总结你答案的方式，以及他们是如何从你的答案转移到下一个问题的。如果你觉得自己被曲解了，或者被错误及不公正地“定位”了，要立刻采取行动，说出自己的想法。要准备好你要说的内容。

为了真正地准备好进行这种更正，请跟朋友或同行一起练习。你可能想从那位“简·奥斯汀案例”中的学生开始讨论。重写“简·奥斯汀案例”中的问题，让它符合你的语境。你会怎么说？如果那件事情发生在你身上，你具体会怎么说？练习你的说辞。练习打断下一个问题，这样你就能把这个问题说完。这样的事情可能永远不会发生；但如果确实发生了，你就要做好准备。

做笔记

因为学生常常反复询问是否“准许”他们在答辩期间做笔记，所以在这里似乎很有必要指出：你可以做笔记。要避免没有携带做笔记的材料就去参加答辩，尤其是如果你喜欢在思考和谈论研究时打个草稿、列个清单或画个思维导图。

答辩期间做笔记可以产生以下众多印象中的一种：

- 你正在聚精会神地聆听考官所提问题的细节内容。
- 你是一个井然有序的思考者，在为你的答案制订一个计划。
- 你书写流利，可以在讨论过程中轻松记下掠过你脑海的想法。

喜欢掌控事务的考官看到你把自己定位为做记录的人，可能会感到很满意，好像你在参加他们的一个讲座。你不可能知道他们究竟在想什么，而操控他们对你的看法也许并不是你的重点。

在答辩当天，低头看你的笔记可能会让你感觉更自在。如果你一直不看考官，或许可以帮助你集中注意力，你就不太可能因为他们的非言语行为分散注意力。你还可以避免产生盯着刚刚问过你问题的考官这种倾向（如果你发现自己在其他环境里经常出现这种情况），这种倾向可能会给他/她留下你正在挑战他们的印象。有些人不论在何种情况下都不想跟考官有眼神接触，而做笔记是另一种表明你在回应的方式。

提前考虑一下你的笔记布局：你可以用页面的一边记下考官的问题，另一边记下你的答案。你也可以有第三栏来提示你回答问题时要具体、明确。

笔记布局		
问题记录	作答记录	具体细节
1. 总结论文……	第一章（动词）…… 第二章（动词）……	详细阐述…… 例子……
2. 该领域的重要人物?	姓名（X？）……	日期…… 重要思想…… 重要研究……
3.……我论文里的弱点	解释…… 辩护……	优点…… 弱点…… 备选方案……
4.……的研究是怎么跟我在第……页里的观点产生联系的	观点总结	联系…… 区别……

以这种格式做笔记意味着你不会回答不了问题。尽管你可能会在回答时有点儿跑题，但如果这些问题在你的笔记里用白纸黑字写了下来，你总是能用下面的话语回到这些问题上来："因此，针对您的问题，目前该领域的前三名领军人物是……"

你想说多少次"可以重复一下刚才的问题吗"？一次还是两次？你肯定不会想问更多遍，而且如果你已经把这个问题写了下来，你就根本没有必要问了。你可能是在给自己施加不必要的压力——努力记住问题使用的词语，同时构建一个出色的答案。由于你知识渊博，你可能会在回答过程中深入浅出，但却没有回答这个问题。考官可能会再问你一个问题，或者提出一个新问题。考官将如何判断你有没有回答一个/多个问题，甚至有没有记住它/它们？

你可能没有时间一字不漏地写下那个问题，但你总是可以写下那个问题的要点。这不仅是很好的答辩练习，而且为你节省了在努力回忆问题原话时消耗的体力，或许还会缓解压力。这样，你就可以明确地使用考官原话回答那个问题。与其他形式的考试一样，使用问题原话是一个很好的策略，这能确保你回答了那个问题。

答辩期间做笔记可以帮助你在回答问题时详细阐述，而不是仅仅给出简短的答案。你也可以记下任何你觉得回答时忘了说的内容，提醒自己插入一个要点。

正如我在第四章中鼓励你以不同形式写下问题那样，你也应该练习将你的答案用不同形式包装起来，然后重新包装。试着用不同结构表达同一个答案，谈论同一个信息，例如过程、比较与对比、问题与解决方法、问题与答案、利与弊。如果你擅长在回答问题时不做笔记，你就不需要做笔记。事实上，你可能想给人一种印象，即你不需要做笔记，你已经超越了“写下问题”的阶段。然而，你在回答时可能只是简短勾勒了几行而已。

无论问题的形式是什么，都是要你首先谈论你的论文，其次再谈论其他任何事情。因此，“具体细节”那一栏应该还是相同的内容——你所做的研究（正如你在论文里所描述的那样）。随着你对研究不同方面的强调，你的答案结构可能会发生改变，但其内容是固定不变的。毕竟，答辩是对你论文的一次考查，也考查你谈论研究（或许是以新的方式）的能力。要致力于改进并练习这些新方式。

回答问题

最近一次答辩研讨会上，一个学生问我是否可以询问考官一个问题。“比如什么问题”，我问道。“比如询问他 / 她在问题里所使用的一个词语的意思”，学生回答说。我的本能是建议学生不要这样做。为什么不要这样做呢？因为考官希望考生独立回答问题。如果他们使用的词语有不止一种含义，那么这就是考试工作的一部分——处理词语潜在的多义性、研究的复杂性，以及此类讨论的严谨性。

这个学生考虑问的具体问题是：“你认为我本来应该怎么做？”这样就把主动权交给了考官。这个问题可能将讨论焦点带离已经做过的研究，将答辩重点过多地放在也许会发生的事情上。

这个学生没有把从考官角度考虑问题作为准备工作的一部分；相反，在某种意义上，她要求考官从考生的角度考虑问题。这将产生一种风险：在这场讨论中会出现一个完全不同的参考框架，尽管这本身很有趣，但却取代了正在接受考查的论文，至少这样的讨论会占用论文的讨论时间。也许这正是学生的目的。

不是禁止问考官问题，而是最好不要问他们太多问题，不要在获得邀请之前问问题。有一个关于考官的故事，他 / 她因为反对学生问问题而退出学位考试："我的目的是来考查你的。这不是一个好的做法。"在考试的这一阶段，要准备一些具体问题去提问。如果你有任何疑问，先问问考官你提个问题是否合适。

答辩是另一种考试。任何一个走到这一步的人都善于通过考试。和任何其他考试一样，你的任务就是回答问题。此时我们已经概述了回答问题的一些成功策略，下一步是要用现实的、针对论文的问题来练习使用它们。

核查清单

- 选择适合你和你那项研究的问题回答策略。
- 从你研究领域的同行那里收集其他例子。
- 思考如何使用多种策略回答同一个问题。
- 编写问题和答案列表。
- 为更复杂的互动行为（如辩论）组织草稿或脚本。

第六章

新型互动

INTERACTING

答辩是一次经由学术写作而展开的辩论，是一场真实的、面对面的新型互动。在此期间，不仅存在着问与答，争议、非言语暗示、缺乏反馈、敌意等情况也时有发生，学生需要为此做足准备。

学术辩论

在撰写论文期间，你就要想象那场你即将经由写作而加入的学术辩论。当你的论文被别人阅读时，它就立刻进入了那场真实的辩论。在学位考试中，就像你给领域内的专家所做的其他研究报告一样，你要经历那场面对面的辩论。

考生和考官在讨论会上花大量时间为问题的不同答案进行辩论。对一些学生来说，这是一种新的技能；对其他学生来说，这是一种新型的、对辩论的扩展。

当你准备参加辩论时，你可以确认你所在领域的学术辩论特征。你所在的领域里，目前存在什么争议？

- 具体的方法论及方法。
- 术语的界定。

- 收集不同类型的证据。
- 相互矛盾的证据。
- 新近研究与以往研究的关系。

目前的“热门话题”中，哪一个跟你的研究有关？在目前的辩论中，你的立场是什么？更重要的是，你会如何在辩论中构建你的立场，同时不会推翻其他立场？你可以通过建立有说服力的反面论证来为考试的这一方面做准备。

这些特征有很多已经在你的论文里出现过了。你可以提取它们，以便在跟同伴和同行一起练习时使用。要对辩论加以练习。这可能需要你准备一系列的问题，让他们接连不断地向你发问。练习在一个问题上停留十分钟左右。练习对不同答案、方法或分析的相对权重进行解释。

非言语行为

当然，非言语行为和特定的文化、性别有关，还受到语境的影响——从广泛意义上来说，包括不同学科的不同语境。例如，摇头在一种文化里可能表示“肯定”的意思，而在另一种文化里可能表示“否定”的意思。在一些学科里，使用手势和面部表情来传达你的想法很合适，但在其他学科里就会显得很可笑。你可能已经知道，在你的学科里什么是合适的行为，答辩时采用什么样的行为可能比较合适。如果你还不清楚，你需要询问一下。

然而，即使你有能力“阅读”非言语行为，你也不能真正确定人们在想什么。在学位考试这种背景下，主席和 / 或校外评委应该在你答辩开始时采取一种开放、欢迎的姿态来确定基调。你可能会认为，考官的点头、眼神交流，可能还有扬眉毛的动作，显示出他们很感兴趣。然而，扬眉毛也可能意味着惊讶甚至怀疑。

同样，如果考官开始书写，是因为他们对你正在说的内容很感兴趣，还是他们在写后续的深入问题？他们是在总结你所说的内容，还是在记录他们对你所说内容的评价？

如果他们在你发言的时候互相看着对方，这意味着他们赞同还是不赞同？他们是赞同或者不赞同你的观点，还是对方的观点？这意味着你回答得好还是不好？你如何确定？当你可能还在专注于回答的内容时，为什么还要关注这些？对于考官的非言语行为，最重要的是不要让它分散你的注意力。无论他们有何行为，坚持用有力的答案回答他们的问题。当你这样做时，可能没有收到任何积极的暗示；但只要他们没有打断你，你就要继续构思有力的答案。

你自己的肢体语言呢？你想（或不想）给考官传达哪些非言语信号？你会使用直接的眼神接触对一些人表示直接交流，而对其他人表示攻击性吗？你核查过你的眼神接触对别人的影响吗？你会对着镜子长时间练习吗？这样，当你谈论自己的研究时，你的形象至少会给你一种真实而不是想象的感觉。你可以改变你眼神交流的形式，低头看你的笔记以示思考，然后直接看着那个你正在回答其问题的考官，并以这样的话语来结束你的回答："因此，要回答这个问题……"

非言语行为这个主题是一个非常个人化、主观化的主题。有些人认为这不重要；而其他人认为它是表明我们对自己的研究有信心的重要方式之一，尽管这种信心比较有限。毕竟，如果我们对自己的研究都没有信心，其他人谁还会有信心呢？正如一位同行最近对我所说的，"不要给他们任何攻击你的理由"，这就是在鼓励考生使用非言语行为传递信心。当然，对非言语行为的思考可能是你对优秀表现进行构想的一部分。这比只是被动等待要发生的事情要好一些。

你对自己的双手会怎么处理？在谈论你的研究时，你会不会运用你的双手？它们对沟通是一种帮助还是一种干扰？有些人会对正式学术场合里使用手势感到不自然，但如果这是你个人风格的一部分，为什么还要担心呢？总之，关于使用手势，你能做些什么呢？完全置之不理吗？

思考你对姿势的运用，比如不要交叉双臂，显然这会让你看起来很有防御性。练习一种开放式的坐姿。发言时，要面向问你问题的考官，但也要时不时地看看其他考官。稍微转动你的肩膀，这样你就可以面向他们，而不是用眼角的余光去瞥他们。

然后是关于双手放进口袋里的争论。这一问题可能更多地会在做报告时出现，但也可能是学位论文答辩时的一个问题。你可能不想在正式答辩时看上去太放松、太不正式甚至太不尊重。

答辩的相对正式性或相对非正式性在一定程度上会由房间的布局决定。一些考官或考查小组选择在形式上将自己安排在桌子的另一边，跟你相对；而其他考官或考查小组则追求一个更加随意的空间，布置一张舒适的椅子和一张低矮的桌子。重要的是，不要被后一种选择误导——测试性的学位论文答辩同样可以在轻松的环境里进行。

当然，你可以选择要求做笔记时有一张桌子或可以倚靠的东西，将一种正式性或专业性的氛围引入答辩流程。如果你对布局安排感觉不舒服，你应该说出来，例如：太阳过于刺眼，有背景噪音的干扰，离取暖器太近，或者室温对你来说太高或太低。这些情况里的任何一种都会对你接下来两小时的体验产生相当强烈的影响。

非言语行为绝对不是你答辩表现中最重要的组成部分。至于本书涉及的所有其他内容，你可以在答辩练习与反馈环节里判断它们有多重要或者多不重要，进而判断你是否要研究针对这种场合的非言语行为。要界定你认为适用于这个场合的非言语行为，并对它们进行练习，努力得到尽可能多的反馈。

应对缺乏反馈的情形

通常情况下，当我们回答别人的问题时，我们会从他 / 她那里得到言语形式或非言语形式的反馈。他们在我们说话时以及说完之后，都会对我们的回答做出回应。然而在答辩时，你可能会发现，当你回答完问题的时候，对于你是否给出了“正确”或“错误”的答案，或者你的答案是否充分，你得不到任何反馈。

这种缺乏反馈的情形可能会令人不安。你可能会怀疑自己是否犯了某种错误，说过的某些话是否惹恼了考官，或者无意中说了某些错误或荒谬的话而没有意识到。结果，你的注意力在回答下一个问题时就可能受到干扰，你可能对自己正在说的内容显得更加不确定；并且当你意识到你的下一个答案也没有得到反馈时，你可能会认为他们已经决定给你一个否定的结果了。你必须从一开始就采取措施防止这种消极的思想旋涡——你必须不断地告诉自己，你对另一个人想法的猜疑很可能是你自己预测的结果。不要浪费时间和精力试图根据考官对你答案的反应去推测他们的想法。

避免让这种情况影响你表现的最好方法就是练习。考官不太可能在你说话时表现得完全（或看上去）无动于衷。如果他们在你说话的时候似乎走神了，你必须努力不让那种情况影响你。此外，发生这种情况可能出于各种各样的原因：考官可能在思考下一步，构思下一个问题；或者回忆你在论文里所说的内容，准备阐述他/她自己的观点；或者可能在想他们是否会错过回家的火车。如果你确实觉得自己开始对考官的行为做出消极反应，请记住，你可以掩饰你的反应。事实上，有些人会认为，这就是学术辩论的一部分，甚至是学术辩论的部分目的。

如果考官确实给出了反馈，以点头、非言语暗示的形式示意考生继续下去，甚至在考生回答完毕时表示感谢，那么考生就可能会放松下来，更多地思考自己正在说什么，而不是考官正在想什么。重要的是，不要浪费时间和精力去揣摩他们的想法，你只需要继续给出精彩的答案。很多情况下，考官都是积极的、正面的、鼓励的；但如果他们没有那么做，也不必担心。

应对敌意

研究生考试不是练习学术武术的合适场所。

（德拉蒙特，1997：145）

第五章提供了处理不同类型的“困难”问题以及“更正”不良回应的策略。然而，如果你遇到了公开的敌意，你该怎么办？德拉蒙特等人的建议是明智的，但不幸的是，在一些情形中，提问仍然会变得很有敌意，或者至少被考生认为很有敌意。你必须承认，随着问题越来越难、越来越深入，你可能会认为这些问题愈加有敌意。

你可以通过点头或做笔记来化解敌意，甚至通过说“是的，我明白你在说什么”来化解敌意。这样做很奏效——人们怀有敌意，往往是因为他们试图强迫你接受他们的观点。考官可能只是想让你承认他/她的观点。你可以承认自己有改进的余地。如果这样行之有效，你仍然可以重申你那项研究的价值。随后，讨论可能会转向更加开放的主题，从而让你把讨论向前推进。

但是，如果考官既对你的研究和/或答案给出负面的评论，又向你提问一连串超出你研究范围的问题来反复打断你说话，表现出消极的非言语行为（如摇头、叹息、皱眉或嘲笑）——所有这些加在一起，让你觉得这就是一个充满敌意的环境。在这种情况下，你会做什么？你更想做什么？

- 忍受，然后申诉？
- 请他们停止表现出敌意？
- 呼吁主席进行干预？
- 将自己转变为一种更强硬的风格？

其中的最后一种做法可能是考官正在寻找的。如果你反应敏捷，你大概可以想到是什么在困扰着他们：是你在一个答案里说的某些内容吗？他们可能只是逼迫你接受另一种方法可能更有效这个观点，即使你觉得这种方法跟你的研究没有直接关系。这可能就是你需要说的内容。如果你正好说了这些，他们就可能会得到安抚。

最重要的是，请记住，你没有必要让自己变得充满敌意或防御性，也不必在他们的质问下崩溃。保持冷静，稳住呼吸（我知道这听起来很荒谬，但你需要恰当地呼吸才能好好说话），然后继续说话。

你需要练习。你能让谁在你的练习环节里扮演这种角色？使用本节的建议，提前向他们做简要介绍。一定要在事后进行总结：你认为你是如何处理这种情况的？他们认为你是如何处理这种情况的？如果你不进行练习，你可能会在答辩时体验到更大的压力。这并不是说你的考官一定会这样做（因为他们可能不会这样做），但这会让你为答辩的深入部分做好准备，无论你的考官是否怀有敌意。

当考官表现糟糕时

显然，随着学位论文答辩逐渐都开始设立独立主席一职，这种情况根本不应该发生；即使这种情况确实发生了，也不应该以学生的角色来处理。然而，有的学生对此忧心忡忡。预想“最糟糕的情况”，无论这有多么荒谬，都会影响学生的表现，因此值得你认真考虑。反思一下你的应对策略。应对包括两个层次：管理你的反应，以及管理别人的反应。

如果考官逐渐开始表现糟糕，你有多种选择：

- 忽视考官的表现。继续回答问题，但不要做出反应。保持冷静。

- 请考官停止那样的表现，表明你认为那样是故意刁难，会造成干扰或分散注意力。
- 请主席进行干预。
- 表明你认为考官的行为正在影响你的表现。

当然，这些不是唯一的选择——你可能想从别人那里得到关于这个话题的建议。你选择回应或不回应将取决于许多判断：问题有多糟糕；你对明确提出这个问题感觉有多不适；你对这种比较好斗的辩论风格感觉有多不舒服。

重点是不要让考官的行为影响你的表现。考虑到学位考试中的权力平衡，这说起来容易做起来难。在准备答辩的时候，重点是练习让提问者用一种更加咄咄逼人的风格来提问，这样你就可以设想出你要做的事情。这种情况可能永远不会发生，但闯过“最糟糕的情况”是一种消除忧虑的绝佳方式。

坚定自信

> 你明显地坐立不安，尽管今天是属于你的日子，是该你表现的时候了。你需要对你的知识坚定自信，掌控你所做的一切以及对你的理解产生影响的专业文献。
>
> （布劳泽，2000：139）

坚定自信和咄咄逼人常常被认为是近义词。事实上，这两个词的定义确有重叠之处。那些将“坚定自信”定义为“得到想要的东西”的人当然会把它跟咄咄逼人联系起来；而那些把“坚定自信”定义为“说出想要的信息并且接受别人的回应”的人则不会将二者联系起来。上面来自布劳泽（Brause）的引文表达了在“掌控”考试或考官（这不是你的目标）与“掌控”你的研究及论文（这是你的目标）之间的有效区分。

在学位考试背景下，这意味着请求咄咄逼人的考官停止咄咄逼人；如果你不提出请求，他们就听不到你的心愿。他们看不懂你的心思，他们可能觉得自己只是充满激情或细致严谨，或两者兼有。坚定自信的价值在于，它能阻止我们发送各种可能会含糊不清的非言语信号。如果你对考官的行为不满意，这种想法就会暴露出来。所以，你不妨把事情说清楚，说出你的想法。

研究表明，学位考试中存在着性别问题（伦纳德，2001）。当然，也有其他一些群体，他们属于校外评委范畴，在同行中的受关注度很低，也面临着类似问题。在权力失衡的地方，这些群体可能会觉得别人以高人一等的姿态面对他们。如果你觉得对方跟你说话时高人一等，你可能会选择接受；但是，如果你觉得你的研究不被重视或者被贬低，你可能就想挑战考官的观点。即使你的研究很一般，也没有理由受到别人高高在上的评判。考虑到你已经完成了所有研究，当有人把你完全当作一个新手时，你就会很不舒服。在多数情况下，这种事情不会发生；但如果发生了，你会怎么做？

- 重新表述你的观点？
- 阐述你的研究并为之辩护？
- 批判你的研究？
- 明确回答你被问到的问题？

被当作学界的二等公民并不意味着必须改变你的行为，你也不能指望着改变那个以高高在上姿态对待你的考官的行为——无论如何，不要指望能在两个小时里改变考官的行为。

关于这个主题，一位专家说明了直接言语模式和间接言语模式在自信行为和不自信行为中的使用情况，这在另一种环境里产生了悲剧性的后果：

> 在黑匣子的对话中……有一段刚刚发生在坠毁之前……驾驶员和副驾驶员之间的对话。驾驶员……没有在结冰天气飞行的经验，副驾驶员在这方面的经验多一点。经过分析，令人心碎的真实情况逐渐清晰起来：他曾经试图警告驾驶员，但他是间接警告的。副驾驶员一再提请注意恶劣的天气以及其他飞机上的结冰状况。他早就对除冰时漫长的等待时间表达了担忧……在他们获得起飞许可后不久，他再次表达了担忧……起飞继续进行，而37秒后，驾驶员和副驾驶员交换了他们的遗言。
>
> （坦嫩，1995：92—93）

虽然驾驶飞机和参加学位考试之间有明显的区别，但在直接言语和间接言语的潜在矛盾方面有相似之处。间接言语的使用在这两个场景中都有一个共同原因——地位上的差异。这也与对自信言语的理解和表现有关：你在与导师、同龄人和同行讨论你的研究时使用的言语模式，是否适用于你的答辩？

如果不进行社会语言学分析，我们可能会同意，一些言语模式——特别是地位较低群体使用的言语模式，被倾听的可能性要小于其他群体使用的言语模式：

> 虽然女性说话的方式可能导致她们不被倾听，但研究表明，在其他条件都相同的情况下，无论她们怎么说还是说什么，女性被倾听的可能性都比不上男性被倾听的可能性。
>
> （坦嫩，1995：284）

诚然，与高等教育有关的每个人都否认坦嫩描述的那类故意歧视现象的存在。然而，机构里的就业统计数据证明了歧视现象的存在。坦嫩的研究表明，无论我们是否意识到我们是如何因为一系列的个人特征（性别是其中之一）而相互区别对待的，我们说话的方式都能对人们是否倾听产生影响。

虽然坦嫩认为，通过改变我们的言语模式，我们也许可以对那些固定印象产生微小的影响（如果真有影响的话），这值得尝试。

我们有很多采用直接言语的方式。坦嫩证明了用不同方式表达同样的事情可以产生相反的效果这一观点。她提出了几种选择：

> 简洁，以便不占用不必要的时间……发表免责声明或者不发表免责声明，大声说话或者轻声说话，自我贬低或者慷慨陈词，简短方式或者详细方式，犹豫不决或者明显肯定。（我们可以）提出想法，支持或反对别人提出的想法。反对时，（我们）可以采用和解的语气减少争议，或者采用对抗的语气强调争议。
>
> （坦嫩，1995：279—280）

这些都是对待答辩互动的实用选项：你是要选择一组选项，还是会根据当时什么选项合适而从两者中选择？后一种选择表明你能够迅速反应，根据本能选择合适的言语模式。根据所问内容，准备你可以利用的四到五种回应类型，可能是一个不错的主意。例如，你可以在开始阶段使用和解性的言语模式，而不是直接使用“对抗性”的言语模式。换句话说，你可以把你的回应设计成一个序列，在这个序列里，答辩开始时的回应跟答辩结束时的回应采用不同的形式。

坦嫩（1995：279）举例说明了实践中的免责声明模式：

- 我不知道这是否可行，但是……

- 你可能已经想到了这一点，但是……
- 这可能是一个愚蠢、天真的问题，但是……

免责声明能避免说话者显得傲慢。说话者使用这个选项来避免承担过多的责任（如果有的话）。虽然这些免责声明可能是有理有据、条理清晰的答案的开场白，但它们可能也表明了你对自己的答案缺乏信心。

使用免责声明是一种陈述方式，可能你已经说了好几次，但是都没有被听到，可能被听得最清楚的就是你的犹豫不决。通常这种情况发生在那些地位低于其听众的人们身上，他们的听众正在听但没有听进去。这种情况可能在很多环境里都会出现，原因也有很多。听众可能只是听了他们想听到的；或者，如果他们已经形成了对你的判断，他们可能不会听到任何好像与这一判断相矛盾的内容；或者，他们可能全神贯注于其他事；或者，他们可能不愿意考虑你所说内容的含义。

答辩时让考官倾听是你的职责。如果他们似乎对你视而不见，那是非常严重的问题，你必须对此采取行动。如果这种情况已经发生了一两次，务必减少这种情况的发生。这种情况以前在你身上发生过吗？是因为你发言的方式吗？你能用坦嫩的定义来分析你当时是如何发言的吗？是因为你没有做权威性发言吗？你想方设法地做权威性发言了吗（特别是在面对一位专家发言时）？

如果答辩时你说了一些内容但被忽视了，你应该重复一遍吗？

你应该用不同的说法或语气重述那些内容吗？如果考官转向了下一个问题，你能回到原来那个问题吗？你能把对方没有听到的答案编入下一个话题的讨论吗？

这些问题并不是要引发关于答辩时“允许”什么和“不允许”什么的争论。这些策略都很正当合理。通俗地说，问题在于：你能够有效完成这些事情中的任何一件吗？哪一种策略最适合你的个人风格？你的导师认为哪一个策略比较合适？最重要的是，如果你没有练习做过这些事情（不是在其他情况下练习，而是为了你的考试这种新情况练习），你怎么知道自己能够做到其中的任何一件事情？

当然，有的学生在准确、直接并肯定地表达出他们的想法这方面没有任何问题。有的学生对于跟考官进行争论不会有什么顾虑。他们会避免使用免责声明，而是使用一种肯定自信的风格，其特征可能是诸如“很明显……注意……”之类的表达（坦嫩，1995：280）。其他学生会觉得这些陈述傲慢自大，认为使用免责声明比较合适。显然，在某些情况下，免责声明比较合适，但从这场讨论中得出的观点是，你不应该在所有的答案里都使用免责声明。选择权在你。

第四章和第五章分别论述了答辩问题和答案，而本章讨论了问题和答案的互动，鼓励考生采取有力策略让他们的观点被接受。这三章都强调了练习的必要性。下一章描述如何开展你的练习环节。

核查清单

- 不要试图从考官的非言语行为中猜测他们如何评价你的答案。
- 确定你在答辩时的非言语行为。
- 练习跟同行、同伴以及其他人辩论，而不仅仅是问与答。

第七章

答辩练习

PRACTISING

本书建议学生在答辩前进行系统和反复的练习，即“渐进式练习”，从而建立一个逼真的演练环境。通过充分练习，学生就能知晓容易在答辩中失利的原因，以及掌握在答辩中保持优秀的技巧。

似乎没有多少考生在重新阅读自己的论文之外还做了其他准备。虽然一位受访者写道，她的导师曾告诉她无法为答辩做准备，因为“每个人的答辩都不一样”，但这个建议并不明智。考生需要深入了解自己的论文，预测可能被问到的问题种类。如果这些问题出现了，就把答案准备好。

（哈特利和乔里，2000b：21）

前几章已经充分论证了这些观点。真实练习环节的必要性已经得到了相当详细的论证。练习的主要目的应该是“剖析”论文，把它分解成各个组成部分。这并不是简单地将各个章节分开（尽管这也很重要），而是要将你辛辛苦苦创建的逻辑和论证进行分解。利用第四章和第五章的建议，将你的论文从一个单一的连贯论证转化为一系列问题和答案。一旦你做到了这一点，你就准备好跟那些拆分你研究的人（考官）进行讨论了。

有的学生报告说，他们在答辩前根本没有练习；而对其他一些学生来说，“模拟答辩”是他们系里的惯例。本章建议进行系统和反复的练习，并为学生和导师提供了相关指导。这里引入了“渐进式练习”的概念，即通过一系列的阶段性练习建立起真实的演练。

首先要考虑从学生和导师之间无数次讨论中出现的关于论文的“更正性”或发展性讨论，转变为检验论文的专家之间的讨论。这是一个重要的过渡，讨论的性质会发生巨大的变化。到目前为止，学生在多次修订期间可能已经习惯于接受每一项对研究和论文做出改变的建议。

不过，答辩是一个机会，可以让你在这种模式下划清界限，并为所做的研究辩护。许多学生在提交论文之前的几个月一直在这么做，明确地跟导师讨论“结题”事宜。答辩所需的转变是这一变化过程中的另一步。对于学生来说，你还是需要接受答辩小组的反馈——但是那些关于你已做之事的问题是提示你为它辩护，而不是建议你改变它。例如，你可能需要将“试着……怎么样”从建议你应该改变研究里的某个地方重新定位为一种鼓励，这需要你做到：（1）解释你所做的研究；（2）证明你所做研究的合理性；（3）考虑考官所提出的替代方案的利弊。即使你用非常熟悉的问题来练习，也可以帮助你练习这种重新定位。

重读你的论文

虽然仅仅阅读论文不足以备战答辩，但这是重新接触文本时必要的第一步。这并不意味着要像阅读一本书那样，从头到尾地重读你的论文，而是要把它作为一个有待审查的文本来阅读。

对于每一章

- 从头到尾地读完这一章。
- 写一个关于本章内容的句子，作为你思考和回忆的提示。
- 把单字的提示放在页边空白处。如果你不知道自己身在何处，这会帮助你找到方向。
- 将该章内容转换为一系列问题和答案。
- 在练习环节使用这些内容。

这样一来，你不仅是在修订论文的所有部分以及它们之间的所有联系，也许更重要的是，你是在分解你的论文——把它拆分开来，并准备从不同的角度考虑这些组成部分。这并不是说你必须在这个阶段进行改写；如果真需要这样做，要一直等到明确考官想让你做什么的时候。相反，你要准备不同类型的问题，在回答时准备不同类型的谈话。这样，你就不太可能因为考官的问题而感到吃惊或困惑。

答辩快要结束时，如果考官说，“我认为你需要加强关于……的部分”，你需要对你的论文足够熟悉，能够说出你是否在另一章中处理了这个关于“加强”的提议。

另一方面，如果你已经忘记了某些主题具体是在文本的哪个部分处理的，你就会显得不够称职，你可能需要做更多的修订工作；或者，最坏的情况是，你可能会被怀疑不是你自己写的论文。

练习环节

为了发挥练习环节的最大效用，为了充分利用你的时间以及那些帮助你练习的人的时间，务必抽出时间做一下简介和简报。

简介出现在每一个练习环节之前，你要阐明你想达到什么目标，想练习哪些活动，以及参与练习环节的每一个人将要扮演的角色。这可能包括认真核查示例问题，例如，扮演考官角色的人需要知道某些单词如何发音。对于后面的环节，他们可能需要时间来计划如何以不同形式提出你准备的特定问题。他们可能想为中断回答并提出接下来的问题做准备。

简报包括评定你在多大程度上完成了你的任务，评价你的表现有哪些优点和弱点。同样重要的是，为未来的练习环节设定新的目标。事实上，你需要练习的地方只有在你开始练习时才会变得清晰。

你不太可能在一个练习环节中提高你所有的技能，虽然这可能是你的导师提供的全部信息。你也需要接受同行的反馈；然而，你可能会发现他们对你不如你对自己那么严苛，这可以增加你的信心。

如何练习答辩？

- 跟朋友一起练习。跟任何人一起练习。
- 跟你所在领域或任何领域的研究生一起练习。
- 跟导师一起在“模拟答辩”中练习。

“一小时”练习环节

- 目标：讨论你想在练习中达到什么目标。
- 你想发展或提高哪些技能？
- 你想练习哪些策略？
- 准备问题：容易的，困难的，后续的，深入的。
- 把答辩过程变得跟真的一样，持续一小时而不间断。
- 随后，做一次完整的简报：你做得怎么样？
- 他们觉得你做得怎么样？
- 你需要在哪里进行更多的练习？
- 你什么时候能再练习一次这个流程？

学位论文答辩研讨会

为答辩做准备的研讨会应该有三个重要的组成部分：

1. 关于答辩研究的简要概述。
2. 术语界定和地方惯例。
3. 练习环节。

一场三小时研讨会的程序方案，导师 / 主持人的介绍以及学生的讨论，可以按照如下安排进行：

学位论文答辩研讨会方案	
环节 1	
9:30	介绍，基本理论，目标，范围
9:40	答辩的定义和目的
	预期
	方法
	大学实施准则
	变化形式
	考官的报告表和标准
10:45	休息
环节 2：练习	
11:00	回答问题：
	1. 写下与你论文相关的、不同类型的示例问题
	2. 练习使用本书推荐的回答策略

续　表

学位论文答辩研讨会方案	
12:00	讨论该练习环节：学到的经验教训，需要进行的练习
环节 3	
12:15	规划：答辩倒计时
	进一步的阅读 / 检视
	核对清单：实践
12:30	结论和评价

第一个环节，从 9:30 到 10:45，包括讨论大学的实施准则，其中一般包括有关申诉程序的问题。

一段真实答辩的视频（如果有的话）或者最接近于真实录像的东西（默里，1998），有助于让考生想象他们答辩时可能会看到的行为和环境类型。

第二个环节，从 11:00 到 12:00，包括学生写示例问题，两人一组，轮流担任考官和考生。随后，学生每人写一个“困难”问题和一个“简单”问题，然后由一位同行轮流向他们提问。这里的重点是，这些问题应该是针对你论文的特定问题。或者，你可以使用本书第四章和第五章列出的其他形式的问题和答案进行练习。

第三个环节，从 12:15 到 12:30，介绍答辩倒计时的理念（见本书第八章），鼓励你规划一系列练习环节。

微型答辩

在进行学位年度评审（包括答辩或微型答辩）的系部里，学生和导师都对其价值做出了积极的评价。微型答辩是一种简要形式的答辩，具有相似的评价目的和标准。似乎更多的系部正在采用这种做法。虽然有些人对评估正在进行的研究会给学生带来压力表示担忧，但在实践中，正如一位喜欢这个体系的学生所说的那样，微型答辩让你意识到，"你真的需要理解你在报告里写的一切内容"。

因此，如果你处在攻读某个学位的第一年或第二年，或者你的系部还没有实施这个体系，体验一次这种形式的考试将会大有裨益，即便你觉得你在研究中只取得了微小的进展（也许正因为如此才会大有裨益）。这将意味着，你的答辩不再是关于你那项研究的第一次口试。

微型答辩的内容取决于你研究的性质以及你研究所在的学科，但如果是对你早期的文献写作、不断演变的方法 / 路径或者对数据分析的发展思路进行答辩，微型答辩可以帮你搞清楚应该在哪里修订，并巩固你相关领域的知识。

微型答辩所花的时间可能各有不同，但经验表明：在第一年即将结束时进行的第一次微型答辩，可能会持续相当长的时间——两个小时或者更长；在第二年年末举行的第二次微型答辩往往短一些，大约持续 30 分钟。实际情况各不相同，要核查你所在系部的规定和程序。

卡利斯（Carless）（2002：356）在本科课程中使用微型答辩创建“一种持续学习的过程”，为学生提供反馈，强调“其功能在于改进而不仅仅是评分”。这些口试持续15至20分钟，学生3人一组，阐明他们在作业里使用的方法并证明这些方法的合理性。微型答辩中所问的问题与学位论文答辩中出现的问题别无二致，例如：从宽泛问题“你能总结……吗”，到更深入的问题“你在第Y页里的陈述X是什么意思”，以及“在第A页你说B……你能证明那句话的合理性吗”，再到关于用法的细节性问题“你能在第3页的第2句中找出一个语法问题吗”。这些问题的选取都是为了适应任课老师教授这门课程的目的。这说明了微型答辩的教育价值，表明它们可以根据不同目的而采取不同形式。

模拟答辩

> 如果没有为考生安排模拟答辩，那么考生应该要求举行模拟答辩。
>
> （哈特利和乔里，2000b：21）

这句话以确定无疑的语气，强调了模拟答辩在你为真实答辩做准备时多么重要。同样，英格兰高等教育拨款委员会批准了一项建议，即应该向所有学生提供一个“练习环节”（梅特卡夫等，2002：

附录 D)。另见英国质量保证署（2011）发布的指南。

德拉蒙特等人（1997：150—151）为不同类型的模拟答辩提供了有用的指导，并附有讲义。他们还建议在模拟答辩时录音或录像，以便详细讨论学生的表现。

你的模拟答辩就是你把这些章节中列出的所有策略结合在一起的时候。模拟答辩应该在时间和内容上接近你的真实答辩：

- 以可能用于你答辩的方式来布置房间；可能的话，使用相同的房间。
- 进行模拟答辩时，思考你在非言语行为、语气和其他方面的表现。
- 关注你如何回应问题以及其他互动。
- 排练各种问题和答案。
- 事后简报：你认为你做得怎么样；他们认为你做得怎么样?

与学位考试的许多方面一样，“机构内部和机构之间在程序上有相当大的差异”（哈特利和福克斯，2004：727），但在该研究中，90% 的学生认为模拟答辩很有帮助。

跟其他学生谈论

对许多学生来说，对于实际发生的事情，已经参加过答辩的人是唯一可以得到信息的来源。但是，他们的记忆有多可靠？他们与你的答辩有多相关？你能在多大程度上相信他们的描述？有的人会给你有用的见解，而其他人则会让“神话”继续流传。

此外，有证据表明，学生的答辩结果明显影响着他们的描述：那些需要稍微修订就能通过的学生，比那些需要重大修订才能通过的学生，更有可能对答辩有愉快的记忆（哈特利和乔里，2000a）。

也许值得讨论的是，学生的答辩将会在多大程度上遵循系部或国家的指导原则。这些问题采用的形式可能会让你把注意力集中在准备工作上。或许有一些你不知道的纪律模式，例如宣布考官决定的时间。了解其他学生用过（或当场想出）且似乎效果良好的策略，会对你很有帮助。

所有这些主题都很重要，要花时间与其他学生及你的导师讨论。

备考答辩和论文的网站

有许多供学生发布他们参加学位论文答辩经验的网站，这些经验有的积极，有的消极。同样，这是关于实际发生之事的一个重要信息来源，但你对这些信息也必须仔细考虑——这些信息是否都适用于你的情况？

一些网站旨在专门帮助学生准备学位论文和答辩：

- 约瑟夫·莱维内（Joseph Levine）对答辩涉及的过程进行了有帮助性的描述[1]。他还列出了其他大学和国家的有用网站。
- “论文语者”博客[2]有丰富的信息。
- 可以在“天使制作”网站[3]上观看不同种类的答辩视频。
- 约翰·韦克福德（John Wakeford）是研究学位考试的经验、指导和答辩的英国专家之一，他收集了众多学生的信息，建立了用于导师培训和考官培训的个案研究，并在伦敦大学学院网站[4]上供读者免费使用。在该网站上，你可以参阅“未通过的学位申请”相关信息。
- 网站 vitae.ac.uk 除了为研究人员的进展提供框架（有助于核查你在研究期间的知识和进展），还提供了一个为论文辩护做准备的核查清单。

1 参见 http://www.learnerassociates.net/dissthes/ #30。
2 参见 http://thesiswhisperer.com。
3 参见 http://www.angelproductions.co.uk/viva.htm.。
4 参见 http://www.ucl.ac.uk/teaching-learning/training-development/phd- supervisor-development/phd_diaries。

练习使用你那“套”问题

第四章介绍了学生（最好跟其导师一起）创建一“套”个性化问题这种理念。

开发一“套”个性化问题的目的是减少那一章涉及的问题清单，让问题清单变得更加具体。你可以为你的研究量身定制这些问题。你的练习环节显然应该聚焦于与你的研究直接相关的问题，尽管可能有一系列不同类型的问题。

渐进式练习

虽然体验现实的练习很重要，但也没有必要在一开始就急急匆匆地进行“模拟答辩”。

你需要什么类型的练习？在你拥有的时间里，进行多少练习比较切合实际？你有时间既进行“经验准备”，又进行“特定准备”（波特，2002）吗？要花时间考虑你大概会经历的发展阶段：

- 与最近的毕业生讨论，请他们审阅你的一些问题和答案。
- 与支持你的同行和朋友进行问答练习，建立你的信心，提高流畅度。
- 写出复杂的问题，进行更专注、更深入的练习。

- 跟你的导师一起参加一场模拟答辩。
- 跟之前任何一个提问题的人一起重复练习各个环节，培养出一种适合你的答辩风格。

当然，这些都基于个人选择。有的考生可能会认为，他们不想在这些早期阶段上浪费时间。无论你处于哪个研究阶段，只要你能忍受，就尽可能地重复靠后的练习环节，这是很有帮助的。

但是，“渐进式练习”这个词语是指规划好的一系列难度越来越大的练习环节。例如，一系列的练习环节可能需要 90 分钟，包括短暂休息和汇报讨论。其中要完成四个步骤：简单的问题和困难的问题，后续的问题，咄咄逼人的问题，以及辩论。这些练习环节可以在考生同伴小组里完成，学生轮流担任考官和考生。

第一个步骤包含写出两个针对你论文的问题，一个容易，一个困难。你可以使用或改编第四章中所列的问题。把你的问题告诉你的同行，以便对你进行提问，然后你来回答问题。如果你们两个都在准备学位考试，你们可以轮流相互提问，这样效果会很好。这一步骤完成后，要及时汇报情况。

第二个步骤是选一个困难的问题，写出后续问题，然后让某个人用这些问题提问你。向你提问的人首先要改变一些措辞，例如使用不同的词语，添加一段开场白，让问题变得更长、更复杂，然后用这种新的形式向你提问。他 / 她还可以添加其他的问题。

在进入第三步之前，花 5 到 10 分钟汇报情况：告诉同伴你的感觉如何，以及你觉得自己表现如何。他们对你的表现有什么要说明的？你回答了他们的问题吗？

第三个步骤是跟一个批判式考官一起练习，他打断你说话，并且带有可以被理解为否定或不感兴趣的非言语行为，如缺乏眼神交流或摇头晃脑。你的同行也可以练习表现得咄咄逼人，打断你说话，说出“你还没有回答我的问题”“我认为我们这里有不同意见”或者“这不是很有说服力”之类的话语。这些都是学术讨论中的合理回应以及正式答辩中的适切回应，但在某种语气之下，又是在学位论文答辩的背景中，这些回应可能就会显得咄咄逼人。在实际考试中，考官说话时使用强硬的措辞，可能只是因为他/她被你的研究或你的想法吸引住了，或者他/她可能确实有一种咄咄逼人的风格。当你进行这个练习环节时，一开始可能会感到很尴尬，因为同行要扮演这个咄咄逼人的角色。在所有这些练习环节中，一开始都可能会有一些尴尬，但这也可能会给扮演学生角色的人带来额外的压力。

同样，如上所述，在这个练习环节之后，花几分钟时间汇报情况。

第四个步骤是练习辩论。在辩论期间，你要讨论利与弊，给出观点并听取意见，回顾不同的问题和答案，同时还要回答考官的问题。提醒你自己关于你所属学科的学术辩论可能围绕什么主题进行——术语的使用、证据的使用、证据的强度、其他证据的相对强度、相互矛盾的证据、你在该领域的经验、你的证据的价值、你的研究规模。这场辩论可能会让你明白自己的知识界限。你会如何阐明这一点？你只是说“关于这一点，我不知道更多信息了”就可以吗？花几分钟时间来准备这次辩论的条目，并且围绕你的同行在辩论时可以使用的要点和问题，对他们进行辅导。其中一些内容可以借鉴你在前三个步骤中的讨论。

同样，汇报有关这个特定练习环节的情况，然后一起汇报所有练习环节的情况：

- 你认为自己现在练习了哪些不同策略？
- 你在这些训练中，还有什么策略没有练习过？
- 你个人认为，还有什么内容需要练习吗？
- 你的同行对你的表现有什么评价？

尽管这一系列的练习环节让你经历了难度的逐渐增加，但如果你确实想在这类辩论和辩护中变得熟练自如，这些练习就不应该是一次性的。重复这些活动有巨大的价值，直到你觉得自己的技能有所提高，也许直到来自你同行的反馈意见证实了这一点。

虽然许多学生认为，这类练习只对那些了解自己研究主题的人可行或有用，但跟各种各样的人（包括你所属学科的其他学生、其他学科的学生、朋友、家人等）一起练习，他们同样可以做得很好，并且有时还可以做得更好（从帮助学生提升沟通技巧这个意义上来说）。无论提问什么问题，无论考官的语气如何，这样做的目的就是锻炼你做出良好反应的能力。很多来自答辩准备研讨会的经验表明，你可以通过这类渐进式练习来实现这一点。

因何在答辩中失利

这个场景来自 C.P. 斯诺的小说，告诉你什么是不该做的：

霍华德走进房间里最黑暗的那端，他脸色苍白，脾气暴躁，怒目而视……

“早上好，”克劳福德说，“请坐。”

霍华德站在原地，不知道该去哪里，尽管他面前只有一把椅子空着……

道森－希尔突然站了起来，礼貌而主动地引导霍华德坐在椅子上……

“然后他去了苏格兰，在帕莱尔特的指导下做研究？为什么？”

“我对这个主题很感兴趣。”

“你认识他吗？”

“不认识。”

“你知道他的名字和声誉吗？”

“我当然知道。”

说他曾经对帕莱尔特的名声和研究印象深刻公平吗？我不得不强迫他那么做。就像年轻人在寻找别人指导其做研究一样？那公平吗？我不得不施加压力。尽管勉为其难又心中不悦，他还是答应了。

“你到他实验室时，谁向你建议了现在的研究领域？”

“我不记得了。”

“你没有记住吗？”

我已经感觉到汗珠流到我太阳穴上了。他比我私下跟他交谈时更疏远、更怀疑。“是你自己建议的吗？”

“我觉得不是。”

“嗯，那是帕莱尔特吗？”

“我觉得是的。”

我说服他同意帕莱尔特实际上已经详细规定了研究路线，并且日复一日地进行监督……

“他/他们得到的一些结果仍然是合理而有效的，不是吗？”他停顿的时间要比平时长一些。“还没有人批判过那些研究结果”，他说。

（斯诺，1960：210—212）

当然，有许多种糟糕的表现会导致答辩失利：

- 只用一句话回答问题。

- 没有领悟考官让你拓展答案的意图。
- 回答问题“迟钝、不自然……又模棱两可”（斯诺，1960：213）。
- “勉为其难又心中不悦”地对考官的问题做出反应。
- 抱着防御式心态参加答辩。
- 自己确信考官会出来叫你。
- 过分猜疑。
- 把问题抛回考官。
- 对参与讨论你的研究表现出勉为其难。
- 表现得生气。
- 批评答辩制度。
- 对答辩本身表现出无礼或怀疑的态度。
- 因为疲惫而导致在不经意间发生了上述之事。

如何在答辩中表现优秀

同样，有一些使用不同的行为、发言模式和思维过程而构成的优秀表现。所有这些都可以通过多种不同的练习环节来习得：

- 一个好的开端——回答问题，回应暗示，提供所要求的信息。

- 既给出短小精悍的答案，又给出详尽的答案。
- 期待并尊重对你的研究和论文所提出的批评。
- 花时间去深入解释并认真辩护。
- 回答考官的问题。
- 相信你能流利回答各种各样的问题。
- 系统构思你的答案：一般陈述 + 具体示例 + 明确答案。
- 在考官似乎想说话时，注意倾听。
- 参与辩论——界定你的术语，并使用研究里的证据。
- 富有耐心，兴致盎然，精力集中，反应机敏，考虑周全。
- 感谢机构对你这名学生的支持和培养。
- 尊重答辩本身，把它视为一种正式场合。
- 为最好的状态做准备（朋友、锻炼、营养、补水、睡眠等）。

核查清单

- 持续练习，直至看到你的表现有所改善。
- 跟任何愿意帮助你的人一起练习。
- 请其他学科甚至非学术界的人充当“模拟考官”。
- 不局限于一种类型的练习，进行多种多样的练习，并将难度逐渐增加。

第八章

答辩倒计时

COUNTDOWN TO THE EXAMINATION

这一章将答辩前最后阶段的准备工作定义为学习技能、修订技能和磨炼技能的过程。不要坐视时间悄然溜走，要安排好自己的各项准备工作，这样才能在答辩日期临近时感到胸有成竹。

前几章对答辩里应该预想到的内容给出了一些见解。本章概述了答辩倒计时的各个阶段。一旦你知道了日期，你的准备时间就有限了。

此时，大多数学生还有其他职责和任务，很多人将要投入工作。在这些情况下，你很容易忘记时间。正因为如此，要及时计划你的准备工作，为你需要做的不同类型的准备工作设定临时截止日期。如果你想要别人来帮助你，一定要提前调配好他们的时间。如果你想在答辩当天表现出最好的自己，任何事情都不应该拖到最后一分钟——甚至可以说，不应该拖到最后一个月。

这一章将答辩的准备工作定义为学习技能、修订技能和磨炼技能的过程。这种时间管理方法应该有助于管理在此阶段不断上升的压力水平（朱戈里弗·富图恩等，2004）。

如果你将“倒计时”用于答辩，你就可以看到自己在与这个事件的关系中处于什么位置。你可以规划每个节点需要进行的不同类型的核查与准备工作。本章末尾提供了这方面的准备工作日程安排表。

优秀的导师会帮助学生规划他们的准备工作，但是你也可以在倒计时期间积极主动地准备，而不是被动地接受安排。不要看着几个月、几个星期时间悄然溜走，要安排好你的各项准备工作，这样你就会在答辩日期临近时感觉胸有成竹。

预　想

首先，对你的预想进行审视：

- 根据你目前为止收集到的所有信息（见前几章）以及你与导师和其他人的所有讨论，你认为在你的答辩里可能会发生什么事情？
- 你知道肯定会发生什么事情吗？
- 你对什么事情还不确定？

有些学生发现，写下剩余的议题或问题，进而开始正视并分析这些议题或问题很有帮助。另一方面，如果你选择不把这些议题或问题写下来，隐患就是你的问题会继续在脑海里来回游移，处理起来仍旧不够确定。

下一步是跟你的导师讨论新的议题：他/她同意你的观点吗？讨论你和他们的预想会有一个至关重要的更正功能，如果你有任何不正确的预想，你的导师可以马上告诉你。如果没有这种讨论，你怎么会知道？你也可能会给自己留下额外的“隐患”：对于任何你还没有核查过的问题，你会带着更多的不确定因素参加答辩。

有些学生说，他们因为太害怕而不敢说出他们对答辩的预想，他们宁愿不考虑这件事情。其他学生则对自己被期望的东西以及当天自己提供那种东西的能力很有把握，但即使是他们，也肯定会认为核查自己的“确定性”很有道理。即使是最聪明的人，也可能产生一种虚假的安全感。

这些讨论和核查步骤可以让你把自己的预想表露出来，并且跟一个比你更了解学位考试的人（我们希望如此）一起对这些预想进行审查。对于会发生的事情以及不会发生的事情，这是你反思自己对此理解的机会，如果需要的话，重新梳理你的预想。无论预想的起源是什么（这本身就是一项很有趣的研究），都不是恒定不变的。

准备工作中的情绪问题也可能在这里出现。正如“倒计时”一词所暗示的那样，有些学生（可能是大多数学生）发现，他们的焦虑程度随着答辩日期日益临近而不断升高。这完全可以理解，但关键在于每个学生都需要找到某种方法去应对那种紧张。另一方面，如果你不明白这种紧张是怎么回事，也许对你而言，这更是一件激励自己参加答辩的事情。毕竟，你还有研究要做，要让考官相信你的研究已经达到了规定标准。

如果因为某些原因（这些原因可以被接受和理解，或者不可避免），你不幸没有太多时间准备（或者根本没有时间准备），浏览一下本章前几节内容，并把注意力放在倒计时的后期阶段。

如果你觉得没有足够时间，不要慌张。不要因为导师没有强迫你做更多的准备工作而对他 / 她生气。不要把精力浪费在你“可能已经做过的 / 本来应该做过的”事情上。专注于你拥有的时间，安排好优先顺序，尽可能多花时间去练习。

如果你在答辩前一天晚上读到这一部分，跳过这一章可能是比较好的想法，现在去看关于问题（第四章）和答案（第五章）的章节，并且有选择性地利用这些章节去练习。

攻读学位之初

有人认为，什么时候开始考虑答辩都不会太早（特拉福德和莱什姆，2008）。尽管每个学位都不一样，但在每个机构、每场答辩里都只使用一套程序，这些程序包含了答辩时使用的标准。因此，你可以找出那些将被用于评估你那项研究的标准（关于这一点的说明，见第一章和第二章）。

找到你大学目前使用的考官报告表，并核查这是否就是将用于你那场答辩的表格。该表格会明确考官在答辩期间将要使用的标准；反过来，这些标准也会影响你的研究和写作。这些标准，连同这所大学的高等学位条例（无论你那个机构将之称为什么），都会为你对将要撰写的论文的期望提供思路。

答辩之前三个月

这是学生答辩之前提交论文的时间点。几个月以前，你已经给了导师所有章节的完整版最终稿，但是要确保你现在给他们的是最新版本，与将要或者已经送给考官的版本相同。

规划你的答辩练习环节。确定日期、时间和地点，预定房间，找人跟你一起练习。谁将扮演校外评委角色？关于你的校外评委，查清楚有关信息。他/她最近写了什么？你在论文里引用过吗？找一种你觉得自在的方式，当面谈论他们的研究和出版作品。如果你没有在论文里引用他们的研究，你仍然可以在答辩时谈论他们的研究，但要继续练习这个重要策略——先谈论你论文里的内容，然后再谈论你论文里没有的内容。

考官的观点跟你的观点是如何产生联系的？考官可能会问什么类型的问题？关于这些考官的研究或方法，你能说些什么？

阅读你所在机构里的学位论文答辩程序和标准，把这些标准与你的学位研究及论文联系起来。在跟导师讨论时，你可以这样做：

- 你的论文在多大程度上符合这些标准？你打算怎么谈论这

一点？你具体会说什么？构建要在练习环节中使用的句子。

- 你在答辩期间的表现如何才能符合这些标准？你打算改进“表现”的哪些方面？是辩论方面吗？
- 对于这些标准，它们会在多大程度上被用于评估你在整个就读期间所做的研究？对此你打算说些什么？

关于考官的表格，你可能还有其他想要核查的方面：

- 什么时候会填写这份表格？
- 你会看到这份表格或者得到一份副本吗？
- 一旦填写完毕，这份表格会去向哪里？谁会看到这份表格？

如果你知道文件具体是如何发挥效用的，你就能通过系统查看它的进度，这对那些必须在某个日期毕业的学生来说尤为重要。如果你心中有一个特定的毕业日期，要确保每个相关的人都知道。在适当的时候，例如在期末答辩讨论时，你可以询问那个日期对你（包括对文件）来说是否切合实际。要靠你自己去核查该系统是否正常运行：

- 你的校内评委和校外评委得到教工委员会或其他什么机构的认可了吗？如果没有，这可能会推迟整个过程。
- 在你所在的机构里，考官已经由大学理事会任命了吗？或者，有什么机构对他们进行任命吗？除非校外评委已经被正式任命，否则不能进行答辩。

- 你的论文已经送给校外评委了吗？如果在这里出现延误，将会推迟你的答辩。校外评委需要一定的时间阅读你的论文，这在你大学的程序/条例里已经明确指出。
- 你的答辩日期已经得到正式批准了吗？
- 校外评委同意了那个日期吗？是以书面形式同意的吗？
- 校内评委也同意了吗？
- 导师在他/她的日志里有记录吗？
- 房间预订好了吗？

还有一个月

重　读

重读论文时，不要像读一本书那样从头到尾地读；相反，你要为每一章写个一句话总结，这些句子将作为你以后回忆和讨论的提示。

复　习

在你所在的领域里，谁是那四或五个重要人物？修订关于他们研究的细节：

- 他们的重要论文 / 著作是什么?
- 其中哪些出版作品在这一领域里影响最大?
- 其中哪些出版作品对你的研究影响最大?
- 这些出版作品是什么时候出版的? 出版日期是什么时候? 在哪些期刊上发表? 由哪些出版商出版?

这些细节会在你的论文里体现。重点不是你应该进行新的阅读（尽管你可能会阅读新材料，而且可以在答辩时提及），而是应该复习你阅读过的内容，能够详细地谈论选定的出版作品。

联　系

你能跟你可能要谈论的话题或者你将要引入讨论的话题建立直接联系吗（即为你引入想讨论的话题做准备）？

亮 点

你论文的亮点是什么？这些亮点具体在哪里？在哪几章中？你可以用某种方式（如用黄色的“贴纸”）将这些亮点标记出来。在答辩当天，你可以让这些标记对着你，只有你能看得见。更好的做法是，记住这些亮点在哪里，记住具体页码。最好的策略是经常练习谈论这些亮点，这样你就能准确地知道这些亮点是什么以及在哪里，然后你就不再需要将它们标记出来了。更重要的是，你在谈论它们时会很流利。

要以章节为单位找出“亮点”，表明你符合原创性及学位性这些关键的学位评价标准（就像你所在机构里的学位审查标准和/或指南规定的那样）。练习在回答问题时使用这些词语。

对一些学生来说，这好像难以实施；但是，一旦你确定了重要的六七页，并在讨论和模拟答辩时练习过引用这些重要页码，你就会发现，自己可以轻而易举地熟练引用这些重要页码。有的学生认为不应该对文本进行标记，那好像是作弊，而且会被视为作弊。这可能只是学位论文答辩让一些学生产生权力被剥夺这种普遍感受的另一个症状。也许这是一个指标，表明很多学生在准备自己的答辩时非常被动，认为自己的最佳行为方式是在所有事情上都听从考官引导（甚至在不确定考官可能会将他们引向何处时，他们也这样认为）。有的学生甚至不知道他们可以带着论文参加答辩，并在回答问题时进行参考。有的学生觉得，只有等到考官告诉他们可以打开论文时，他们才能随意打开。同样，这种预想意味着他们害怕在答辩以及准备答辩时扮演积极主动的角色。虽然学生知道要对自己负责，但他们仍然觉得在什么是“正确的行为方式”和“正确答案”方面受到限制，尽管大多数学生都知道，答辩对于“正确答案”没有明确标准。

你可以练习在讨论你的研究时掌握主动权。当然，你必须找到一种讨论你研究亮点的方式。如果找到了，你就应该练习讨论这些亮点，并且指出这些亮点，作为存在亮点的可靠证明。练习找出这些亮点和考官可能提问的任何一类问题之间的联系。建立这种联系可能要进行练习，这不需要占用你大量时间，但由于你用不同形式的问题进行练习，应该会有几次反复。

最重要的是回答问题，因为考官希望你回答他们的问题，而不是偏离方向，“反复”歌颂自己。

核　查

你肯定已经多次核查过你的论文文本，现在该对它进行更加仔细的核查了。如果你认识擅长校对的人，现在是请他们帮大忙的时候了。

1. 更正排版及其他错误。

2. 检查从一章到另一章的相互参照。

3. 检查表格、图表等内容。它们的编号正确吗？

打印一份更正清单。向考官出示这样的清单并不是普遍的做法，但对学生来说，这可能被视为一种良好的做法，因为它表明你在核查时有多认真。这可能会缓和考官因为你文本里的错误而产生的不满或不耐烦。

描　述

你能用一种连贯的方式描述你的学业历程吗？你可以把它描绘为一个故事、一种学习过程、一路上的一系列决定、研究里的一连串里程碑、一系列解决过的问题，或者从你的本科学位中自然发展而来。

更　新

阅读你所在领域里的最新文献，更新你的知识。自打你完成论文以后，你论文里提到的重要人物出版过新作品吗？

书　写

写下示例问题，演练回答。你需要多次演练，跟不同的人一起演练。

练　习

举行一次模拟答辩。练习你（以及导师）在答辩时预想的内容。

组配“答辩套装”

你会携带什么东西进入考场?

- 你的论文。
- 空白纸张。
- 几支钢笔或铅笔。
- 笔记本电脑?
- 打印资料?
- 水? 食物?

压　力

你已经有了应对压力的技能，比如设定符合实际的目标，跟支持者和盟友一起工作，明白对你的要求以及你如何能够达到该要求，了解应对压力的策略。如果你没时间研究这些跟答辩有关的事宜，一定要跟一个你信任并且了解答辩的人一起研究这些事项，哪怕是简要地研究。利用你建立自尊的惯常策略，拜访所有肯定你、支持你的朋友和同行。

答辩当天，你如何应对压力呢？发言时，练习在句子之间以及句中停顿下来进行呼吸。保持一个放松姿势，一个你觉得舒适的姿势。练习花时间构思详细的答案。练习不去寻找针对你答案的积极反馈。提醒自己，你正在接受关于论文的审查，几乎所有问题的答案都在你的脑海里。

还有一个星期

练习使用第四章和第五章列出的答辩策略，特别是两个重要的回答策略——“始于论文”和“界定并阐释”。第一个策略会帮助你专注于细节，第二个策略会让你为自己的研究进行辩护而不带有防御性。

- 练习口头总结：长总结和短总结。
- 练习口头辩论。
- 参观你答辩的房间。查看它的布局，思考或查清该房间会如何被布置成考场。如果可以的话，在那个房间里练习。核查每个人会坐在哪里；如果不能核查，就在类似的房间里练习，让你的“模拟考官”坐在不同座位上。练习被要求在房间外等候，然后由其中一个“模拟考官”带进去。

- 确定好答辩之前你要在哪里等候。
- 准备一个答辩套装，包括论文、纸、笔、水，等等。
- 你要穿什么衣服？整洁吗？合适吗？应景吗？你穿着舒服吗？
- 放松，锻炼，保持良好的饮食和睡眠。
- 与工作和生活中的人协商，得到他们一星期的无条件支持。
- 你能取消或推迟答辩前一周、特别是答辩前一天的任何职责和义务吗？
- 规划好备用交通、儿童托管、着装、援助和现金等事项，以防当天出现什么问题。

答辩前一天

保持良好的饮食和睡眠，好好照顾自己，尽可能地款待自己。想象自己在答辩时做得很好。适度休息。如果你担心睡不好，白天可以打个盹。

今天是一个不让任何人对你提出任何要求的日子；当然，除非你喜欢那些可能会分散注意力的想法，那样你就不会对答辩念念不忘。

- 回避那些你跟他们在一起感到焦虑或恼怒的人。
- 远离那些试图用答辩来吓唬你或动摇你信心的人。
- 花时间与肯定你、支持你的人在一起。
- 在脑海里列出你研究及写作的优点。
- 把考前的最后 24 小时花在帮助你准备答辩的人身上。

答辩当天

利用你最好的习惯：

- 你最好的苏醒习惯是……
- 需要陪伴和谈话吗？还是不需要？
- 也许最好不要阅读新的期刊文章或著作章节。
- 交通问题怎样解决？需要预订出租车吗？需要安排一次便车吗？
- 吃一顿真正的早餐并且 / 或者随身携带食物。带不带咖啡？
- 为一切预留足够的时间。
- 核查你备好了答辩所需的一切。
- 早点到达考场……多早合适？

答辩之前三十分钟

- 放松；呼吸；喝水；积极思考；再次呼吸。
- 关注未来的任务；列出你的优势。
- 不要溜达，一直等到他们来叫你。
- 只参与有利于你的随意交谈。
- 对电话和电邮也是如此。它们对你有所帮助还是让你烦躁不安？

答辩期间

- 保持呼吸；放慢说话的速度；谨慎发言。
- 回答考官问题的时候要看着他们。
- 写下他们的问题；为你的答案记下笔记。
- 谈论你的论文和你所做的研究。
- 点头；微笑；看你的笔记；呼吸。

答辩之后

确保你在离开房间时，准确知道论文需要什么样的更正（如果有的话），这些内容可能列在考官的报告里。如果可以的话，请考官明确修订的程度和范围。例如，如果你被要求添加一些内容，那意味着什么？是添加一个句子、一个段落、一页内容，还是更多？如果需要，重新表述你的问题，并提出后续问题，直至得到具体的回答。在答辩结束之前，你对修订任务界定得越多，你就越不需要考虑这些修订任务，而且做起来也更加容易。

如果你只有轻微的更正/修订任务，那就尽快去做。趁着需要更正/修订的内容在你的脑海里还比较“新鲜”的时候就去更正/修订会更加容易。如果你把需要更正/修订的内容搁置了几个星期，你很可能需要回想你被要求做的事情。

不要忘记最后的仪式。虽然你可能在正式毕业之后才会认为自己真正获得了学位，但你实际上已经“通过”了。另一方面，如果你的结果不好，也要继续进行本来打算举办的庆祝活动。不管怎样，这些庆祝活动都很难取消，而且听到人们对你的积极评价（可能还有对考官的批评），对你会大有好处。

记住，随着答辩的结束，你正在失去生活的一大部分。这种感觉可能像丢失亲人或者丧失亲人，你就更有理由举办一次或几次庆祝活动。让你的朋友或伴侣为你组织，他们也需要庆祝。

- 放松，休息，吃喝玩乐。这是你应得的。
- 感谢你的支持者和盟友。这也是他们应得的。

准备工作日程表

草拟一份答辩倒计时各阶段的准备工作日程表。

准备工作日程表		
	任务	时间
攻读学位之初	____________	____________
考前三个月	____________	____________
考前一个月	____________	____________
考前一周	____________	____________
答辩前一天	____________	____________
答辩当天	____________	____________
答辩之前三十分钟	____________	____________
答辩期间	____________	____________
答辩之后	____________	____________

核查清单

- 及时规划你的准备工作。
- 在答辩准备日程表中填写实际日期。
- 获得帮助和支持。
- 把帮助你的人和模拟考官放在这个日程表里。
- 在倒计时的每个阶段都组织练习环节。

第九章

答辩结果

OUTCOMES

答辩结束并不意味着学业历程的完结，学生往往还要等候考官的决定，以及考虑后续如何对论文进行修订，甚至再次参加答辩。但无论如何，通过答辩都是个人生涯中的一个重要时刻。

你需要掌握的答辩信息

本章解释了学位考试的结果，通常附有限制性条款：各个机构在考试过程中的这一阶段使用不同的术语和程序，就像之前所有的阶段一样。

把答辩视作学业历程的结束是一个普遍误解，真实情况往往不是这样。对通常发生在答辩之外的阶段制订出大纲，这样你就可以为那种可能像“失败”的感觉做好心理准备，并准备好在答辩之后核查具体要做的后续工作。这样你就有可能早早地开始修订和 / 或更正，并迅速完成这些事情。

走廊等候

并不是每个人在答辩结束时都被送出房间，去走廊里等候；如果你被送出去了，不要把它当作一个不好的迹象。这在一些机构里是惯例，而在另一些机构里，你会被立即告知结果。提前查清你所在机构的做法，以便做好准备。

有同理心的导师会意识到，对你来说，从离开房间到回去听候考官决定之间的那段时间并不容易。由于通常没有“答辩等候室”，你可能要站在走廊或附近的办公室里。有的学生更喜欢独自度过这段等候时间；其他学生则希望由自己选择的人陪伴他们。如果你喜欢后一种做法，提前预约你的陪伴人，以防你最终跟一个让你觉得更不舒服的人一起度过这段时间。请记住，虽然正式考试已经结束，但你可能仍然需要集中精神参加关于修订和更正的重要讨论。

考官做决定

考官对你的答辩可以做出的决定有好几种，而且不同的机构有不同说法来表达这些决定。

你需要掌握的答辩信息

你应该：（1）查清你的大学可能做出什么决定；（2）理解这些词语的含义。

你的答辩结果将是下列情况之一：

- 授予学位。
- 有条件地授予学位——需要做出让校内评委满意的更正。
- 重新提交论文，建议在X个月之内提交。
- 重新提交论文，在X个月之内进一步研究之后提交。
- 不授予学位。
- 不授予学位；授予低一级学位。

最常见的结果是需要进行更正以及轻微修订之后通过，这不是失败。如果你在规定的最后期限之前完成要求的修订内容，你就能毕业。

考试结束时，原来的论文和修订后的论文可能没有很大区别。事实上，一些有经验的导师甚至会说，他们不相信修订后的论文比原来的论文好得多。假设能够完成额外的工作，即使是第三层级的决定——需要进一步的研究或者更加实质性的修订，仍然接近于通过。即使要求第二次答辩（虽然这令人沮丧），也不意味着完全失败。最后，不需要修订的“授予学位”，以及“不授予学位”这种完全的失败都是比较罕见的。

修订与更正

当然，修订和更正的目的是加强论文的论证，并在必要时改进陈述和文字的风格。对学生来说，关键是要确定在修订或更正方面的具体预期目标。

大多数考官会给你一个打印出来的更正清单，而准备充分的学生已经制订了自己的清单，并且已经更正了错别字和其他小错误。但是，如果你被要求记下需要修改的内容，一定要如实汇报你的笔记和摘要，以便确认你的理解，并跟考官达成一致意见。例如，如果考官要求你在某个话题上“增加一点内容”，意味着你必须写一两句话，还是一页或几页，或者一个新的章节？如果任务得到了精确解释，修订工作做起来就会容易一些。要区分旨在改进研究的修订与旨在改进文本的修订。在这个阶段，有的修订可能是关于加强论证的，因此这场讨论侧重于文本问题。

考官可能会建议修订内容，让已经非常严谨的研究更加具有说服力；换句话说，修订不一定表示失败。这可能表明，修订将会提高你那项研究的可信度，提高你那项研究在实践或出版时产生重大影响的可能性。

有许多不同类型的修订，从轻微到重大依次是：

- 对研究的一个或多个方面进行扩展。
- 使研究决策更加明晰。
- 增加对步骤、决策和分析的文档记录。
- 调整概念上的跳跃。
- 消除结果的“平缓”。
- 恢复差异性。
- 撰写新的章节。
- 调整那些削弱数据力度和/或分析力度的概括。
- 提高目标、结论和建议之间的契合度。
- 提高论文摘要和结论之间的契合度。

考官提出的修订意见旨在增强你论文的说服力。这可能需要把你以前删除的章节重新放入论文。研究新手常常不敢留有漏洞或出入，但每一项研究都有漏洞和不确定性。例如，如果你的分析中什么漏洞或出入都没有，那是不同寻常的；事实上，这些往往是研究的一个重要方面。如果你已经保存了删除的章节内容，把它们重新放进去就特别简单，你可以在答辩后的讨论里练习这种行为，谈论这部分内容，核查这部分内容是否达到了要求。显然，整个研究过程不可能公开透明。此外，一篇论文将有几千页那么长，但是考官可能希望你调整写入内容与删除内容之间的平衡。

这可能是你直到过程结束才能看清楚的事情之一。准备考试时，你应该考虑：攻读学位的过程以及理论上的考试过程有多大部分是关于你所经历的旅程？开始时，你很少有或根本没有研究重大项目的经验，然后持续向你的目的地进发，在一路上吸取了许多教训。当你到达这一点时，你对自己的研究和论文可能有完全不同的看法。

当修订建议被提出时，你需要确保修订事项得到清晰的界定：

关于修订的问题

- 每一项修订任务都被清晰地界定了吗？
- 这项修订有必要吗？其中一些他们想让你添加的要点在其他章节里讨论过了吗？
- 你能跟他们商讨他们提出的修订建议吗？
- 每一项修订都具体吗？对于修改的长度、内容和位置有无说明？这项修订能被界定得更精确一些吗？
- 你能做到这一点吗？
- 你需要帮助或资源来做这些修订工作吗？
- 修订期间，导师会如何支持你？
- 最后期限是什么？
- 你能立即做这些修订工作吗？

在你的研究里，考官视为有可能继续完善的部分，与他们希望你在修订时完善的部分之间可能存在重叠。你可能需要在讨论的某个阶段弄清并确认这一点。

如果导师经允许出席了学位论文答辩，他们自然可以在答辩之后就考官的要求给出有效的补充“解释”。即使导师不在答辩现场，也可以邀请他们参加关于这种更改的讨论。不过，这并不意味着他们对这些更改行动负有责任，这种责任由你承担。

如果考官答应将修订建议的文本发送给你，尽量确定一个发送日期。大家都知道，考官和考生都会在答辩之后消失几个月，尤其在此期间有一个假期的话。尽快安排你与导师的会面，讨论考官提出的修订建议。随后，你可以核查你是否正确地理解了需要做的事，而他们可以帮助你开始这个最后的研究阶段。

有时候，学生准备进行超出要求范围的实质性修订，这就是为什么你应该跟导师核查；另一方面，可能你宁愿避免修订得太少。同样，你要询问你的导师。这可能需要认真讨论，而不是一个简单的问答。

如果你完成了修订和 / 或更正任务，通常都会把它们提交给校内评委。在你的答辩会上，你应该被告知过把论文提交给谁，以及接下来会有什么事情。如果你没有被告知过，或者你忘记了，请向你的导师咨询。通常情况下，只有需要重大修订时，校外评委才参与这个阶段。

为了帮助考官找到你进行过修订的地方，要把这些地方制成清单列出来并且/或者使用显示修订标记这项功能（如果要求）。与修订过的文本一起提交的，还应该有考官要求完成的更改清单。认真核对你的修订报告和他们的要求，两者之间应该完全契合。

申　诉

如果你觉得自己在答辩中受到了不公正的待遇，你可能想要申诉。答辩之后，首先要核查你所在大学可以接受的申诉理由。大学有申诉过程的书面解释，可能体现在其实施准则里。这些解释包括可能存在的申诉理由，其中可能包括（也可能不包括）：

- 答辩过程中的程序性违规行为。
- 出现影响学生表现的医疗或个人（有时是其他）情况，且考官在做出有关结果的决定时没有意识到这些情况。
- 考官方面的成见或偏见。

申诉通常是向大学理事会或董事会提出的，但是可能首先经过研究生院委员会的审批。独立审判员办公室（Office of the Independent Adjudicator）是另一个信息来源。

拉德（1985）通过他采访的学生，确认了他们认为合理的申述理由。根据这项研究，他提出了他所认为的申诉理由：

- 学生和工作人员之间的意识形态差异，导致了答辩时的不公平对待。
- 导师出现差错。
- 导师未能提醒学生注意研究早期阶段的明显弱点。
- 考官对学生怀有个人敌意。

“公平”是拉德关于学位考试那一章的重点。不过，他承认，学生要证明他们受到不公平对待会有多么困难：

> 对学生开放的申诉类型，和对任何受到委屈的学生普遍开放的申诉类型是一回事……（这）对受到委屈的考生没有什么用处，因为他会发现，几乎不可能证明自己受到了不公平对待。此外，法律诉讼往往费用昂贵。
>
> （拉德，1985：113）

他指出，毕竟答辩是需要考官进行主观评估的事情。拉德接着指出，不同小组的考官可能会做出不同的决定。这并不意味着收到否定性结果的学生就一定应该申诉。大学列出的申诉理由必须成为学生的指南，而拉德提出的申诉理由并没有都出现在所有大学的理由里。

韦克福德（2002：35）给出了同样的警告：

一名学生正在申诉，理由是：校内评委在答辩之后通知他说，一开始就给他分配了错误的导师。但是，考虑到学术保护的传统，大多数学生都担心提交申诉会对他们的职业生涯产生更长远的伤害。与自己的大学“争执”恰恰意味着这一点——这场争执的赢家要么是“你”，要么是“他们”。不幸的是，“他们”享受着制定规则并控制所有证明文件的特权，所以这场争执一开始就是一场非常不平等的战斗。更重要的是，机构会对自己的申诉程序以及执行方法特别熟悉；对学生来说，申诉的经历会是一种特殊且可能带来创伤的经历，一切东西都可能获得或者失去。

拉德和韦克福德的研究结果取决于学生对自我经历描述的准确度和诚实度。然而，即使有所保留，韦克福德认为，在他所引用的一些案例中，即便没有理由申诉，也有理由申请调查。

拉德在1985年提出，申诉应该有这样的结果：请一个专家小组在没有得知论文未通过的前提下，对该论文进行评论。这是一个有趣的想法，但如何管理以及配备资源？当然，这种办法可能已经在一些大学里实施了。你可以核查一下。

你需要掌握的答辩信息

关键问题是，在你所在的机构里，可以接受的申诉理由是什么？

大学比学生更了解他们自己的程序。把大学告上法庭是一个昂贵的过程。但是，如果发生了影响你的表现而考官却不知道的情况，你或许可以进行辩解。

不用说，如果与申诉主题相关的那场答辩有主席在场，与考试程序和实施直接相关的申诉（而不是对导师的投诉）更容易得到处理。主席可以作为一个独立证人，这就是为什么许多机构正趋向于将某种独立证人纳入所有学位考试。

恢 复

> 答辩之后的几天是黑暗的日子，就像经历了一次严重事故一样。在最初的几个小时里，我麻木了，无法意识到是什么事情让我受到如此严重的影响。然后，我开始怀疑自己是否会恢复过来并渡过此关，从而赢得胜利。
>
> （戈登，1952：173）

就像过去许多学生一样，你可能会发现自己在答辩之后感到精疲力竭，甚至情绪激动。即使只持续两个小时的答辩，也可能是一次身心交瘁的经历，因为它用到了这么多不同的技能。即使是无须修订或更正的通过，也会让你感到精疲力竭。即使是那些享受答辩过程的人，也可能在事后精疲力竭。

要预想到会感觉身心交瘁。规划一些将会帮助你恢复元气的活动。

庆　祝

在这样的时刻，你可以组织任何能使你感到快乐的仪式。把朋友和家人召集起来；打电话回家；去吃一顿美餐（尽量吃点东西）；喝些饮料；开个派对；发表致辞和表示感谢。

花点时间和那些帮助、支持你的人一起庆祝。如果他们好像比你对结果更满意，要尽量跟着那种感觉走。可能你感觉更多的是解脱，而不是愉快；也可能你感觉像是不得不假装愉快，但你可以把这看作是你对他们感谢的一部分。

落　幕

> 就像是被告知X光片里看上去令人不悦的东西只是溅到底片上的咖啡之后，走出医生办公室那样的感觉。
>
> （塞尔，2001：9）

你投入了自己全部的生活（或者大部分的生活）来实现这个目标，现在已经实现了，你可能会感觉自己失去了目标，并且在此刻、一个月或更长时间之内都没有目标。即使是肯定的答辩结果，也可能会带来负面的感觉（华莱士，2003）。

这可能是一个令人困惑的时刻。即使你把身心恢复和庆祝活动规划得很好，你也可能会感到积极和消极交织在一起的复杂情绪：

> 你可能会预想，当你获得学位时，你只会感到宽慰和快乐，所以你可能会震惊于自己会产生失落和忧伤的感觉……
>
> 也许你会为生命中的一个主要阶段已经结束而悲伤；或者，你会为那些没有活着见证你成功的重要人物而哀伤；或者，也许你要面对你实际上所写论文和你想象中的论文之间的差距……每一次重大变化都会破坏我们生活的平衡和自我形象的平衡，留下故我的一部分。
>
> （博尔克，1998：127—128）

你甚至可能感到沮丧。当然，如果你期待着纯粹的快乐和解脱，这只会让你感到困惑。

你已经做出了那么多牺牲——就像你的朋友、家人和亲人一样，但是，你却看不出来通过这场答辩对你或他们目前有什么益处。

答辩可能没有你预想的那么富有挑战性。你可能会觉得浪费了时间——你为之过度准备的答辩，原来只是一场普通的学者讨论会。

你可能会敏锐地意识到，既然你已经完成了这项挑战，有新的挑战在等着你：

> 小小的成功碎片聚集在一起，编织成一个胜利的花环……大约三天以来，世界就在你脚下，然后你意识到，这是开始，不是结束。你必须更加努力地为自己而奋斗——出色地完成你的工作，赚钱谋生。
>
> （戈登，1952：173—174，187）

在这种情感的波动里，你需要宽慰自己。别人将为你高兴，他们可能为你组织庆祝活动，可能会赞扬你的成就和你的答辩表现。但你必须接受这样一个事实：你生活的一部分已经结束了——尽管那部分很精彩，但你可能还是会感觉自己在这个过程中失去了一些东西。

即使你还有修订工作要做，也要承认，通过答辩在你的生活和职业生涯中是一个重大的时刻。这可能是一个转折点，也可能不是一个转折点，但你可以开始以不同的方式展望未来了，因为你的答辩已经过去了。至少，你可以开始为毕业进行规划了。

核查清单

- 在考官做出决定之前，确定好答辩后你在哪里等待结果。
- 在最后的答辩讨论中，核实你的论文中有无未经处理的修订意见。
- 请求考官详细说明所有要修订的内容。

第十章

尾　声

ENDNOTE

学生可能会发现，最重要的并不是自己的研究成果或是在论文里写下的内容，而是所经过的学习旅程。本书旨在帮助学生在答辩中给出优秀的表现，从而顺利进入生活和职业生涯的下一阶段。

永远没有人会问起你在（论文）获批事件中的表现。

（博尔克，1998：134）

你可能会发现，你已经意识到了自己在答辩前后过程中走了多远。你可能会发现，自己认为最重要的并不是你那项研究产出的成果，或者你在论文里写的内容，而是你在学习中所经过的旅程。答辩是对你已经旅行多远的测试，是对你如何看待这段旅程的考查。最重要的是，这可能是你第一次意识到这一点。

你所有的准备工作以及这本书提供的所有建议，都把重点放在了答辩表现上，但是一旦答辩结束，那种表现就会烟消云散。在未来的岁月里，人们会问你“你的论文写的是关于什么的内容”，也许还有“你在哪里学习”以及“你的导师是谁”，但他们不会问你“你在答辩时表现得怎么样”。是因为没有人真的想知道，还是因为没有人敢问起？这是一个有趣的问题。不过，事实仍然是——一旦结束就意味着真的结束了。继续前行吧。

有些人会认为，本书采用的方式——学生可以而且应该主动为答辩做准备，没有考虑到大学里的不平等文化，就像其他机构一样：

> 学院目前的终身学习氛围表明，学生应该对自己的学习负责。这种个人主义使得对从事研究的学生的建议仍然是——让他们去面对答辩的恐怖并尽力应对（默里，2003［b］）。这种建议没有注意到不平等文化，也不要求机构承担责任。
>
> （洛曼斯基和杰克逊，2004：31）

我同意“不平等文化”将权力掌握在数量有限的人手中。我承认这本书并不是“要求机构负责”。然而，正是因为存在权力被破坏、削弱和滥用的可能性（尤其是在答辩中），我开始支持学生为他们的答辩做准备。本书间接提到了权力的作用，但我的目的是帮助学生在这种背景下有良好的表现。我希望他们更好地理解权力、应对权力，以及更好地表现自己。那些积极为自己的答辩做准备的学生，将会获得更好的自我表现能力。在某种意义上来说，这确实是个人主义，但所有这些准备工作都涉及与他人合作。

本书没有将答辩描绘为令人“恐怖”的事情，也不是真正关于如何“熬过”答辩的。它能帮助你理解如何给出优秀的表现，让你进入自己生活和职业生涯的下一个阶段——不是永远询问你说了什么或没说什么，或者想知道你是否本来能够做得更好，而是知道你可以为自己的成就感到自豪。

参考文献

Allpress, B. and Barnacle, R. (2009) Projecting the PhD: architectural design research by and through projects, in D. Boud and A. Lee (eds) *Changing Practices of Doctoral Education*. London: Routledge, pp. 157-70.

Bain, S. A. and Baxter, J. S. (2000) Interrogative suggestibility: the role of interviewer behaviour, *Legal and Criminal Psychology*, 5 (1) : 123-33.

Baldacchino, G. (1995) Reflections on the status of a doctoral defence, *Journal of Graduate Education*, 1 (3) : 71-6.

Baldick, C. (1990) *The Concise Oxford Dictionary of Literary Terms*. Oxford: Oxford University Press.

Bolker, J. (1998) *Writing Your Dissertation in Fifteen Minutes a Day: A Guide to Starting, Revising and Finishing Your Doctoral Thesis*. New York: Henry Holt.

Boud, D. and Lee, A. (2009) *Changing Practices of Doctoral Education*. London: Routledge.

Bourke, S. and Holbrook, A. P. (2013) Examining PhD and research masters theses, *Assessment and Evaluation in Higher Education*, 38 (4) : 407-16.

Brause, R. S. (2000) *Writing Your Doctoral Dissertation: Invisible Rules for Success*. London: Falmer.

Brennan, J. , Williams, R. , Harris, R. and McNamara, D. (1997) An institutional approach to quality audit, *Studies in Higher Education*, 22 (2) : 173-86.

British Psychological Society (2000) *Guidelines for Assessment of the PhD in Psychology and Related Disciplines*, revised version. Leicester: British Psychological Society.

Brown, G. and Atkins, M. (1988) *Effective Teaching in Higher Education*. London: Routledge.

Bruns, A. and Jacobs, J. (eds) (2006) *Uses of Blogs*. New York: Peter Lang.

Burnham, P. (1994) Surviving the viva: unravelling the mystery of the PhD oral, *Journal of Graduate Education*, 1 (1) : 30-4.

Caffarella, R. S. and Barnett, B. G. (2000) Teaching doctoral students to become scholarly writers: the importance of giving and receiving critiques, *Studies in Higher Education*, 25 (1) : 39-51.

Carless, D. R. (2002) The 'mini-viva' as a tool to enhance assessment for learning, *Assessment and Evaluation in Higher Education*, 27 (4) : 353-63.

Carter, B. and Whittaker, K. (2009) Examining the British PhD viva: Opening new doors or scarring for life?, *Contemporary Nurse*, 32 (1-2) : 169-78.

Christensen, C. R. , Garvin, D. A. and Sweet, A. (eds) (1991) *Education for Judgement: The Artistry of Discussion Leadership*. Boston: Harvard Business School.

Clarke, G. and Lunt, I. (2013) The concept of ‘originality’ in the Ph. D. : how is it interpreted by examiners?, *Assessment and Evaluation in Higher Education*, 39 (7) : 803-20.

Dean, J. (2010) *Blog Theory: Feedback and Capture in the Circuits of the Drive*. Cambridge: Polity.

Delamont, S. (1998) Creating a delicate balance: the doctoral supervisor’s dilemma, *Teaching in Higher Education*, 3 (2) : 157-72.

Delamont, S. , Atkinson, P. and Parry, O. (1997) *Supervising the PhD: A Guide to Success*. Buckingham: Society for Research into Higher Education and Open University Press.

Delamont, S. , Atkinson, P. and Parry, O. (2000) *The Doctoral Experience: Success and Failure in Graduate School*. London: Falmer.

Denicolo, P. (2003) Assessing the PhD: a constructive view of criteria, *Quality Assurance in Education*, 11 (2) : 84-91.

Doncaster, K. and Thorne, L. (2000) Reflection and planning: essential elements of professional doctorates, Reflective Practice, 1 (3) : 391-9.

Droogleever Fortuyn, H. A. , van Broekhoven, F. , Span, P. N. , Bäckström, F. G. and Verkes, J. (2004) Effects of PhD examination stress on allopregnanolone and cortisol plasma levels and peripheral benzodiazepine receptor density, *Psychoneuroendocrinology*, 29 (10) : 1341-4.

Eley, A. and Murray, R. (2009) *How to Be an Effective Supervisor*. Maidenhead: Open University Press.

Evans, T. and Kamler, B. (2002) Doctoral theses: risky representations and the problems for examination, in E. McWilliam (ed.)

Research Training for the Knowledge Economy: Proceedings of the 4th International Biennial Conference on Professional Doctorates. Brisbane: Queensland University of Technology.

Gardner, S. K. (2008) What's too much and what's too little?: The process of becoming an independent researcher in doctoral education, *Journal of Higher Education*, 79 (3) : 326-51.

Gordon, T. (1952) *Doctor in the House*. Harmondsworth: Penguin.

Graves, N. (1997) *Working for a Doctorate*. London: Routledge.

Green, D. H. (1998) *The Postgraduate Viva: A Closer Look* (video). Leeds: Leeds Metropolitan University.

Green, H. and Powell, S. (2005) *Doctoral Study in Contemporary Higher Education*. Maidenhead: Society for Research into Higher Education and Open University Press.

Green, P. and Bowden, J. (2012) Completion mindsets and contexts in doctoral supervision, *Quality Assurance in Education*, 20 (1) : 66-80.

Hartley, J. (2000) Nineteen ways to have a viva, *Psychology Postgraduate Affairs Group Quarterly Newsletter*, 35: 22-8.

Hartley, J. and Fox, C. (2002) The viva experience: examining the examiners, *Higher Education Review*, 35 (1) : 24-30.

Hartley, J. and Fox, C. (2004) Assessing the mock viva: the experiences of British doctoral students, *Studies in Higher Education*, 29 (6) : 727-38.

Hartley, J. and Jory, S. (2000a) Lifting the veil on the viva: the experiences of psychology PhD candidates in the UK, *Psychology Teaching Review*, 9 (2) : 76-90.

Hartley, J. and Jory, S. (2000b) Experiencing the viva: the

implications of students' views, *Psychology Postgraduate Affairs Group Quarterly Newsletter*, September: 19-25.

Hinchcliffe, R. , Bromley, T. and Hutchinson, S. (eds) (2007) *Skills Training in Research Degree Programmes: Politics and Practice*. Maidenhead: Open University Press.

Hockey, J. (1994) New territory: problems of adjusting to the first year of a social science PhD, *Studies in Higher Education*, 19 (2) : 177-90.

Hoddell, S. , Street, D. and Wildblood, H. (2002) Doctorates - converging or diverging patterns of provision?, *Quality Assurance in Education*, 19 (2) : 61-70.

Holbrook, A. , Bourke, S. , Fairbairn, H. and Lovat, T. (2007) Examiner comment on the literature review in Ph. D. theses, *Studies in Higher Education*, 32 (3) : 337-56.

Holligan, C. and Wilson, M. (2013, in press) Critical incidents as formative influences on the work of educational researchers: understanding an insider perspective through narrative enquiry, *British Journal of Sociology of Education*. DOI: 10.1080/01425692.2013.835713.

Jackson, C. and Tinkler, P. (2000) The PhD examination: an exercise in community-building and gatekeeping, in I. McNay (ed.) *Higher Education and its Communities*. Buckingham: Society for Research into Higher Education and Open University Press, pp. 38-50.

Jackson, C. and Tinkler, P. (2001) Back to basics: a consideration of the purposes of the PhD viva, *Assessment and Evaluation in Higher Education*, 26 (4) : 354-66.

Jackson, C. and Tinkler, P. (2007) *A Guide for Internal and External*

Examiners. London: Society for Research into Higher Education.

Johnson, D. (2005) Assessment matters: some issues concerning the supervision and assessment of work-based doctorates, *Innovations in Education and Teaching International*, 42 (1) : 87-92.

Johnston, S. (1997) Examining the examiners: an analysis of examiners'reports on doctoral theses, *Studies in Higher Education*, 22 (3) : 333-47.

Kiley, M. (2009) You don't want a smart Alec: selecting examiners to assess doctoral dissertations, *Studies in Higher Education*, 34 (8) : 889-903.

Kiley, M. and Mullins, G. (2004) Examining the examiners: how inexperienced examiners approach the assessment of research theses, *International Journal of Educational Research*, 41 (2) : 121-35.

Leonard, D. (2001) *A Woman's Guide to Doctoral Studies*. Buckingham: Open University Press.

Levine, S. J. (2002) Writing and presenting your thesis or dissertation. Available at http://www.learnerassociates.net/dissthes/#30 [Accessed December 2014].

Loumansky, A. and Jackson, S. (2004) Out of the frying pan into the viva, *Journal of International Women's Studies*, 5 (3) : 22-32.

Mansfield, N. (2008) *The Final Hurdle: A Guide to a Successful Viva*. London: Royal Society of Chemistry.

Metcalfe, J. , Thompson, Q. and Green, H. (2002) *Improving Standards in Postgraduate Research Degree Programmes*. Bristol: Higher Education Funding Council for England. Available at http://www.hefce.ac.uk/pubs/rdreports/2002//rd11_02/ [Accessed December 2014].

Minocha, S. and Petre, M. (2012) *Handbook of Social Media for Researchers and Supervisors: Digital Technologies for Research Dialogues*. Milton Keynes: Open University and VITAE.

Mollett, A. , Moran, D. and Dunleavy, P. (2011) *Using Twitter in University Research, Teaching and Impact Activities*. London: London School of Economics Public Policy Group.

Morgan, A. (2002) Examine the logic (letter) , *Times Higher Education Supplement*, 9 August: 13.

Morley, L. , Leonard, D. and David, M. (2002) Variations in vivas: quality and equality in British PhD assessments, *Studies in Higher Education*, 27 (3) : 263-73.

Morss, K. and Murray, R. (2005) *Teaching at University: A Handbook for Postgraduates and Researchers*. London: Sage.

Mullen, C. A. (2001) The need for a curricular writing model for graduate students, *Journal of Further and Higher Education*, 25 (1) : 117-26.

Mullins, G. and Kiley, M. (2002) 'It's a PhD, not a Nobel Prize': how experienced examiners assess research theses, *Studies in Higher Education*, 27 (4) : 369-86.

Murray, R. (1998) *The Viva* (video and notes) . Glasgow: University of Strathclyde.

Murray, R. (2003a) Students'questions and their implications for the viva, *Quality Assurance in Education*, 11 (2) : 109-13.

Murray, R. (2003b) Survive your viva, *Guardian*, 16 September.

Murray, R. (2011) *How to Write a Thesis*, 3rd edn. Maidenhead: Open University Press.

National Postgraduate Committee (1992) *Guidelines on Codes of*

Practice for Postgraduate Research. Nottingham: NPC.

National Postgraduate Committee (1995) *Guidelines for the Conduct of Research Degree Appeals*. Nottingham: NPC.

Newberry, D. (1995) A journey in research from research assistant to doctor of philosophy, *Journal of Graduate Education*, 2 (2) : 53-9.

Park, C. (2005) New variant PhD: the changing nature of the doctorate in the UK, *Journal of Higher Education Policy and Management*, 27 (2) : 189-207.

Partington, J. , Brown, G. and Gordon, G. (1993) *Handbook for External Examiners in Higher Education*. Sheffield: UK Universities'Staff Development Unit and the Universities of Kent and Leeds.

Patton, M. Q. (1982) *Practical Evaluation*. London: Sage.

Pearce, L. (2005) *How to Examine a Thesis*. Maidenhead: Open University Press.

Pearson, M. and Brew, A. (2002) Research training and supervision development, *Studies in Higher Education*, 27 (2) : 135-50.

Phillips, E. M. and Pugh, D. S. (2000) *How to Get a PhD: A Handbook for Students and their Supervisors*, 3rd edn. Buckingham: Open University Press.

Pitt, M. (1999) A doctoral viva by videoconference, in W. Alexander, C. Higgison and N. Mogey (eds) *Videoconferencing in Teaching and Learning*. Edinburgh: Learning Technology Dissemination Initiative and TALiSMAN.

Potter, S. (ed.) (2002) *Doing Postgraduate Research*. London: Sage.

Powell, S. and Brown, K. (2007) *Access to Doctoral Examiners'Reports*. Lichfield: UK Council for Graduate Education. Available at https://www2.le.ac.uk/departments/gradschool/about/external/publications/access-examiners. pdf [Accessed December 2014].

Powell, S. and Green, H. (2007) *The Doctorate Worldwide*. Maidenhead: Society for Research into Higher Education and Open University Press.

QAA (Quality Assurance Agency) (2011) *UK Quality Code for Higher Education, Part B: Assuring and Enhancing Academic Quality*, Chapter B11: Research degrees. Gloucester: Quality Assurance Agency for Higher Education.

Radice, E. (1971) *Who's Who in the Ancient World: A Handbook to the Survivors of the Greek and Roman Classics*. Harmondsworth: Penguin.

Rudd, E. (1985) *A New Look at Postgraduate Failure*. Guildford: Society for Research in Higher Education, NFER/Nelson.

Ruggeri-Stevens, G. , Bareham, J. and Bourner, T. (2001) The DBA in British universities: assessment and standards, *Quality Assurance in Education*, 9 (2) : 61-71.

Ryan, Y. and Zuber-Skerritt, O. (1999) *Supervising Postgraduates from Non-English Speaking Backgrounds*. Buckingham: Society for Research into Higher Education and Open University Press.

Sale, J. (2001) The PhD gave me cunning, *Independent*, Education Supplement, 27 September: 9.

Sambrook, S. and Doloriert, C. (2011) Accommodating an authoethnographic PhD: the tale of the thesis, the viva voce and the traditional business school, *Journal of Contemporary Ethnography*, 40 (5) : 582-615.

Sarros, J. C. , Willis, R. J. , Fisher, R. and Storen, A. (2005) DBA examination procedures and protocols, *Journal of Higher Education Policy and Management*, 27 (2) : 151-72.

Scott, D. , Brown, A. , Lunt, I. and Thorne, L. (2004) *Professional Doctorates: Integrating Professional and Academic Knowledge*. Maidenhead: Open University Press.

Shaw, F. (1997) *Out of Me: The Story of a Postnatal Breakdown*. London: Penguin.

Snow, C. P. (1960) *The Affair*. London: Reprint Society.

Stephens, D. (2001) Why I. . . believe all PhD students should be grilled in public, *Times Higher Education Supplement*, 20 April: 16.

Swift, J. and Douglas, A. (1997) *The Viva Voce*. Birmingham: Birmingham Institute of Art and Design.

Tannen, D. (1995) *Talking from 9 to 5: How Men's and Women's Conversational Styles Affect who Gets Heard, who Gets Credit, and what Gets Done at Work*. London: Virago.

Tinkler, P. and Jackson, C. (2000) Examining the doctorate: institutional policy and the PhD examination process in Britain, *Studies in Higher Education*, 25 (2) : 167-80.

Tinkler, P. and Jackson, C. (2004) *The Doctoral Examination Process: A Handbook for Students, Examiners and Supervisors*. Buckingham: Society for Research into Higher Education and Open University Press.

Trafford, V. and Leshem, S. (2002a) Anatomy of a doctoral viva,

Journal of Graduate Education, 3 (2) : 33-41.

Trafford, V. and Leshem, S. (2002b) Starting at the end to undertake doctoral research: predictable questions as stepping stones, *Higher Education Review*, 35 (1) : 31-49.

Trafford, V. and Leshem, S. (2008) *Stepping Stones to Achieving your Doctorate: By Focusing on your Viva from the Start*. Maidenhead: Open University Press.

Trafford, V. , Woolliams, P. and Leshem, S. (2002) Dynamics of the doctoral viva. Paper presented at the UK Council for Graduate Education Summer Conference, University of Gloucestershire, 15-16 July.

Trotter, J. (2003) Researching, studying or jumping through hoops? Reflections on a PhD, *Social Work Education*, 22 (1) : 59-70.

UCoSDA (Universities' and Colleges' Staff Development Agency) (1993) *Handbook for External Examiners in Higher Education*. Sheffield: UCoSDA and Committee of Vice-Chancellors and Principals of the Universities of the United Kingdom.

Usher, R. (2002) A diversity of doctorates: fitness for the knowledge economy?, *Higher Education Research and Development*, 21 (2) : 143-53.

Wakeford, J. (2002) What goalposts?, *Guardian*, Education section, 17 September: 35. (See also readers'responses at http://education.guardian.co.uk) .

Wakeford, J. (2009) PhD Diaries: an archive of accounts of their experiences by doctoral students, supervisors and examiners. Available at http://www.ucl.ac.uk/teaching-learning/training-development/phd-supervisor-development/phd_diaries [Accessed December 2014].

Walker, G. E. , Golde, C. M. , Bueschel, C. and Hutchings, P. (2008) *The Formation of Scholars: Rethinking Doctoral Education for the Twenty-First Century*. San Francisco: Jossey-Bass.

Wallace, S. (2003) Figuratively speaking: six accounts of the PhD viva, *Quality Assurance in Education*, 11 (2) : 100-8.

Wellington, J. (2010) Supporting students'preparation for the viva: their preconceptions and implications for practice, *Teaching in Higher Education*, 15 (1) : 71-84.

Winter, R. , Griffiths, M. and Green, K. (2000) The'academic'qualities of practice: what are the criteria for a practice-based PhD?, *Studies in Higher Education*, 25 (1) : 25-37.

Wisker, G. (2001) *The Postgraduate Research Handbook*. Basingstoke: Palgrave. Zuber-Skerrit, O. and Ryan, Y. (eds) (1994) *Quality in Postgraduate Education*. London: Kogan Page.

致谢

我想再次感谢开放大学出版社和麦格劳－希尔集团，感谢其在出版过程中每一个阶段所展示出的高度专业性。

2002 年 2 月，利默里克大学作家务虚会的参会人员倾听了我关于这本书的想法。感谢他们在交流中提出的很多启发性意见，同时感谢负责学术事务的助理副校长萨拉·穆尔（Sarah Moore），她邀请我成为会议的一员。

弗农·特拉福德（Vernon Trafford）的研究成果，以及我们之间的讨论和电邮谈话，都助益了我的思考。我向本书的读者推荐他的出版作品。

大英帝国员佐勋章获得者莫拉格·索（Morag Thow）博士一直是我灵感、幽默和热情的源泉。很难说哪一个是最重要的，如果非要选一个的话，那肯定是幽默。

最后，虽然多年来跟同行和学生进行了许多富有成效的交流，但对这本书里的每一个字，我必须要为其负责。在引用学生原文时，我都采用了匿名引用，因为给每个人发声的机会固然重要，可当他们说出对答辩的真实想法时，并非总是感到安心。感谢你们允许我在这里引用你们的话语。

罗伊娜·默里